진·한제국 (차이나의 기틀을 세우다)

'진 시황'과 '한 무제'의 나라 진·한제국의 역사를 인물과

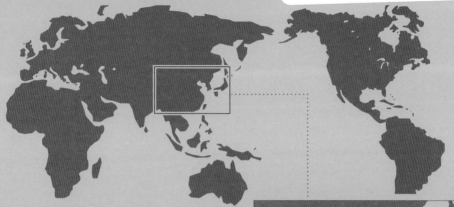

동해
황해
동중국해

[진·한제국] 주요 연표

BCE
- 251년   소양왕 사망
- 221년   정, 전국 통일/시황제라 칭함
- 214년   만리장성 축조 시작
- 213년   분서 사건 발생
- 212년   갱유 사건 발생
- 210년   순행 도중 시황제 사망/부소·몽염 사망
- 209년   진승·오광·유방·항양·항우 반란
- 206년   진나라 멸망/항우 서초패왕 칭함/유방 한왕 즉위
- 140년   중국 연호의 시작
- 139년   장건 서역 파견

CE
- 8년   왕망 국호를 신이라 하고 스스로 황제라 칭함
- 36년   광무제 전국 통일
- 184년   황건적의 난 발생/황건의 난 평정
- 220년   조조 사망/아들 조비 헌제에게 선양받아 문제 즉위/
  후한조 멸망/국호를 위로 칭함

진·한제국

Thinking Power Series - World History Collection 09
First Empire & Pride of China

Written by Yun Young-nai.
Published by Sallim Publishing, 2018.

제4차 산업혁명 세대를 위한
생각하는 힘 세계사컬렉션 **09**

차이나의 기틀을 세우다

진·한제국

윤영내 지음

살림

| 일러두기 |

중국 지명 중 현대까지 이어지는 지명은 현대 중국어 발음으로 표기한다. 단, 현재는 사라진
옛 지명·널리 알려진 역사적 사건·사적명에 쓰인 경우는 한문 독음으로 표기한다.
(예: 호경, 조가, 목야 전투, 여산릉)

'차이나'라는 이름과 '한족'의 자긍심은 어디에서 왔을까?

이 책의 원고를 의뢰받고 고등학생인 딸아이에게 물었습니다.

"중국 하면 뭐가 떠올라?"

"공자, 진 시황, 삼국지, 실크로드, 아편전쟁? 아, 만리장성하고 병마용갱도 있었지? 여긴 가서 꼭 한번 보고 싶어! 그리고 음…… 맞다. 짝퉁!"

기대보다 선전했던 대답이지만, 마지막 대답에는 피식 웃을 수밖에 없었어요. 우리 기억 속 중국은 공자 왈 맹자 왈 하던 추상적인 중국과, 개혁·개방으로 엄청난 변화를 겪고 있는 경제 대국으로서의 중국이 대부분이었으니까요. 요즘 세대에게는 중국이 사회주의 국가라는 사실조차 흐릿하기만 합니다. 그런데도 고대 중국에 대한 어떤 이야기는 많은 사람들의 귀에 익고 눈에도 익숙합니다.

참으로 다행입니다. 제 딸을 포함한 많은 사람의 기억 속에 선명하게 각인되어 있는 만리장성과 병마용갱의 주인공인 진 시황의 이야기를 다루게 되었으니 말이에요.

중국은 56개의 다양한 민족으로 이루어진 다민족 국가입니다. 그중에 한족이 약 92퍼센트를 차지한다고 하니 실제론 무늬만 다민족 국가라고 할 수 있겠네요. 게다가 엄밀히 말하면 한족이라는 개념은 혈연 공동체라기보단 문화 공동체라고 할 수 있습니다. 원래 상고 시대 중국의 주요 민족은 화하족이었습니다. 그런데 왜 그들은 자신들을 한족이라고 부르고 그렇게 불러주기를 바랄까요?

동서남북으로 흩어져 있던 이민족들을 처음으로 민족 공동체로 통일시킨 사람은 바로 진 시황입니다. 하지만 통일 제국을 세운 진 시황조차 흉노족을 두려워하여 만리장성을 쌓았습니다. 그리고 단명한 진 제국 다음으로 한 제국을 세운 고조는 흉노족을 형님국가로 섬기는 치욕을 감수하며 평화를 유지하기에 급급했지요. 그런 흉노족과 전쟁을 선포하고 서역까지 밀어내며 명실상부한 대제국의 면모를 갖추게 해준 황제가 바로 한 무제입니다.

중국인들에게 진·한 제국은 자긍심의 표상입니다. 이는 중국을 가리키는 'CHINA'라는 영문 이름이 'CHIN'에서 온 것이나, 중국인들이 스스로를 '한족'이라 부르기를 주저하지 않는 점에서도 분명히 느낄 수 있습니다. 그들뿐 아니라 다른 나라 사람들에게도 만리장성, 병마용갱, 실크로드는 감탄과 부러움의 대상입니다.

중국에는 가장 위대한 황제로 칭송받는 세 사람이 있습니다. 진의 시황제, 한의 무제, 청의 강희제가 그들입니다. 이 가운데 두 사람이 진·한 제국 시기에 중국을 통치했던 황제입니다. 진·한 제국엔 그만큼 위대하고 재미있고 흥미로운 이야기들이 가득합니다. 지금부터 그 이야기보따리를 풀어보려 합니다. 이 책에 담겨 있는 진·한 제국의 흔적들이 무미건조한 역사가 아니라 재미와 감동을 느낄 수 있는 말랑한 이야기로 다가갈 수 있기를 바랍니다.

2017년 봄내에서

윤영내

• 차례 •

역사 속 인물은 시대가 요구하는 사회상에 따라 참으로 극과 극으로 평가되는 경우가 많다. 진 시황(秦始皇)의 경우도 마찬가지다. 그는 많은 책을 불태우고 많은 사람들을 산 채로 땅속에 묻어버린 무시무시한 폭군이라는 평가와 중국을 최초로 통일한 위대한 군주라는 평가 사이를 넘나든다.

진 시황, 그는 어떤 군주였을까? 탄생부터 죽음까지 그의 삶은 결코 평범하지 않은 사연을 품고 있다.

제1장

기원전 259, 세상을 향해
첫울음을 터뜨린 진왕, 정

01

정은 여불위의 아들인가? 자초의 아들인가?

진 시황제(재위: 기원전 246~기원전 210)는 진나라의 맨 처음 황제라는 뜻이다. 보통 줄여서 진 시황이라 불린다. 진 시황의 어렸을 때 이름은 정(政)이다. 정은 중국을 통일하고 자신에게 처음으로 황제라는 호칭을 부여했다. 앞으로 '시황제'라는 호칭은 중국 통일 이후에 사용하고, 중국 통일 이전에는 '정'이라 부르겠다.

사마천의 『사기(史記)』 중 「진시황본기」 첫 줄에는 이렇게 기록되어 있다.

진나라의 시황제는 장양왕의 아들이다.

· 진 시황

시황제는 진나라를 연 첫 번째 황제라는 뜻이다. 중국을 최초로 통일하고, 황제라는 호칭을 처음으로 사용한 인물이다.

그런데 『사기』의 「여불위전」에는 시황제가 여불위의 아들이라고 기록되어 있다. 참으로 흥미롭다 아니할 수 없다. 시황제의 아버지가 두 명이란 말인가? 이게 어찌 된 일일까?

자초, 로또에 당첨되다

혼란했던 전국 시대에는 각국을 다니며 장사로 성공한 사람이 많았다. 위나라 출신의 여불위도 그런 사람 중 한 명이었다. 그는 예리한 장사꾼의 촉을 지닌 사람으로 돈이 될 만한 것을 직감적으로 알아채는 안목이 있었다.

조나라의 수도인 한단에 머무르던 어느 날, 우연히 그의 눈에 한 남자가 들어왔다. 그의 이름은 이인(異人), 진(秦) 소양왕의 손자였지만 힘없는 왕족이었다. 당시는 전국 7웅인 7개의 나라(진·위·조·한·연·제·초)가 서로 힘을 겨루던 시기였다. 그중 진나라가 가장 강한 나라였으며, 나머지 여섯 나라는 따로 또는 함께 진나라의 독주를 막으려 애쓰고 있었다. 외교 관례상 서로 인질을 교환하여 전쟁 억제 수단으로 활용하고 있었다.

그런데 같은 인질이라도 나라마다 처지가 달랐다. 약한 나라는 강한 나라에 태자와 같이 중요한 인질을, 강한 나라는 약한 나라에 그저 형식적인 인질을 보냈다. 진나라는 강국이었고 조나라는 약소국이었으니 이인은 형식적인 인질, 즉 희생되어도 별 무리가 없는 인질이었으리라 짐작된다. 이인의 아버지는 소양왕의 둘째 아들인 안국군이며, 그의 어머니 역시 여러 첩 중 한 명인 '하희'라는 여인이다.

그런데 소양왕 40년, 갑자기 태자가 사망하고 2년 뒤 이인의 아버지인 안국군이 태자에 오르게 된다. 하지만 안국군이 태자가 되었다 해도 이인이 후계자가 될 확률은 거의 없었다. 왜냐하면 하희는 안국군의 사랑을 받지 못했고, 이인에게는 배다른 형제가 20명이나 있었으니 말이다.

그러나 여불위의 동물적인 감각은 이인을 보자마자 발동했다. 그는 즉시 협상에 들어갔다. 이인은 처음엔 의아해했지만 마다할 이유가 없었다. 여불위는 이인에게 자신이 가진 재산의 절반인 500금을 떼어주며 조나라에서 영향력을 행사하는 인물들을 사귀라고 권한다. 그다음 작전의 목표물은 화양 부인, 안국군의 애첩으로 출발해 정실부인이 된 여인이다. 안국군의 사랑을 한 몸에 받는 여인이었지만 자식이 없었다. 여불위는 나머지 재산을 정리해 진나라로 건너간다. 화양 부인에게 직접 접근하기 힘들다고 판단한 그는 우선 그녀의 언니에게 접근한다. 그리고 많은 뇌물을 바치며 말한다.

"조나라에 인질로 가 있는 이인은 화양 부인 걱정에 눈물로 밤을 지새우고 있습니다. 이인은 착하고 현명하며 인정이 많은 자로 자식이 없는 부인이 외로울까 몹시 걱정하고 있습니다. 어질고 효성스러운 이인을 양자로 삼으신다면 태자가 돌아가신 다음에도 한평생 편안하게 사실 수 있을 것이옵니다."

그럴듯한 말이었다. 이를 계기로 이인에게 호감을 느끼게 된 화양 부인은 태자 안국군에게 이인을 양자로 삼게 해달라고 부탁한다. 안국군은 그녀의 청을 들어주었고 이인은 그렇게 후계자가 될 기회에 한 발 더 가까워진다.

삼각관계에 빠진 여불위·자초·조희

기원전 257년, 진나라가 조나라를 공격했다. 조나라의 인질로가 있던 이인의 목숨이 위험해진 것이다. 그러자 여불위는 거액의 뇌물을 써서 이인을 진나라로 빼돌린다. 무사히 진나라로 돌아온 이인은 여불위의 조언에 따라 초나라 복장을 하고 화양 부인을 찾아간다. 화양 부인이 초나라 사람이었기 때문이다. 초나라 복장을 한 이인을 보고 감동한 화양 부인은 그에게 '자초(子楚)'라는 이름을 지어준다. 초나라의 아들이라는 뜻이다. 그녀의 눈엔 자초는 예쁜 짓만 하는 자식이나 다름없었다. 그래서 이때부터 이인은 자초로 불리게 된다.

기원전 251년, 소양왕이 죽고 안국군(효문왕)이 왕위에 오른다. 화양 부인 역시 왕후에 오르고 자초는 태자가 된다. 이쯤 되면 여불위의 동물적인 감각에 혀를 내두르지 않을 수 없다. 그런데 이게 무슨 일인가? 효문왕이 즉위하자마자 바로 죽어버리는 게 아닌가. 이렇게 별 볼일 없던 자초가 드디어 왕(장양왕)이 됐다.

그렇다면 정은 누구일까? 바로 장양왕의 아들이다. 훗날 시황제가 되는 인물. 그런데 그에게는 출생의 비밀이 있다. 하지만 비밀 같지 않은 비밀이다. 비밀이긴 비밀인데 모든 사람이 다 아는 그런 비밀이다. 여불위가 조나라의 수도 한단에 있을 때 춤과 노래가 뛰어난 조희라는 여인을 사랑하게 된다. 여불위는 조희를 첩으로 들여 행복한 나날을 보냈고 그녀는 곧 임신을 한다.

그즈음 자초가 여불위의 집에 들렀다가 우연히 조희를 보게 된다. 자초는 그녀에게 한눈에 반해버렸고 여불위에게 조희를 달라며 떼를 썼다. 여불위는 난감했지만 어쩔 수 없이 조희를 보내고 만다. 그렇게 조희는 여불위의 아이를 밴 채 자초의 부인이 되었다. 그리고 기원전 259년 자초가 아들을 얻었다. 바로 조희의 아이였다. 그 아이의 이름은 정, 이리하여 정은 여불위의 아들도 되고 장양왕의 아들도 된다고 사마천은 기록하고 있다.

시황제의 출생에 관한 사연은 아직도 학자들 간에 의견이 분분하다. 사마천의 「여불위열전」에는 자초가 조희와 함께 산 지 1년 만에 정을 낳았다고 기록되어 있다. 사람은 보통 임신한 지 열 달이 지나면 아이를 낳는다. 그렇다면 정은 자초의 아이일 수밖에 없지 않을까? 그런데 『한서(漢書)』를 지은 반고는 자신의 책에서 시황제를 여 씨의 성을 따 아예 '여정'이라 칭하기도 했다.

시황제의 출생에 대한 의심의 눈초리는 명나라 때 생겨난 것이다. 요즘엔 여불위가 고의로 이야기를 조작했다거나, 진나라에 의해 멸망한 6국의 귀족들이 보복하기 위해 고의로 만들어낸 이야기를 사마천이 거르지 않고 그냥 기록한 것이라는 주장도 나타났다.

시황제의 출생에 대한 갑론을박은 여전히 진행형이지만, 이러한 논쟁이 시황제의 업적을 평가하는 본질이 될 수는 없을 것이다.

02

행운의 사나이 여불위, 그는 진짜 행운아였을까?

소양왕이 죽자 안국군이 왕위를 이었다. 그리고 화양 부인 덕에 존재감조차 없던 자초는 진나라의 후계자가 된다. 행운의 여신은 자초의 편이었을까? 생각지도 못한 일이 벌어지고 만다. 효문왕이 갑자기 세상을 떠나버린 것이다. 행운의 사나이 자초는 이렇게 진나라의 왕이 된다. 그리고 장양왕은 여불위의 공을 인정하여 그를 승상에 임명하고 10만 호의 땅을 하사한다. 비로소 여불위의 투자가 결실을 보는 순간이 온 것이다. 여불위는 자신의 세상이 올 것이라 예상했다. 그런데 이게 웬일인가? 장양왕도 왕위에 오른 지 3년 만에 그만 병으로 덜컥 죽고 만다.

	왕위	왕명	왕위	왕명
통일 전	제1대	여공	제9대	효공
	제2대	조공	제10대	혜문왕
	제3대	화공	제11대	무왕
	제4대	영공	제12대	소양왕
	제5대	간공	제13대	효문왕
	제6대	혜공	제14대	장양왕
	제7대	출공	제15대	정(시황제) (기원전 246~기원전 210)
	제8대	헌공		
통일 후	제1대	시황제(정)	기원전 221~기원전 210	
	제2대	이세황제(호해)	기원전 209~기원전 207	
	제3대	삼세황제(자영)	기원전 206	

• 전국 시대부터 멸망까지의 진나라 왕위 계보

여불위의 발목을 잡은 조희

정이 왕위에 오르니 이때가 기원전 246년의 일이다. 정의 나이 열세 살이었으니 아직 정치를 하기엔 어린 나이였다. 하여 여불위의 섭정이 시작되었고 진나라는 오롯이 여불위의 품속으로 들어왔다.

그런데 순풍에 돛 단 듯 순조로웠던 여불위의 삶에 불행의 싹이 트고 있었다. 그 싹은 바로 정의 생모인 조희였다. 서른이 채

안 된 젊은 나이에 남편을 잃은 조희는 외로움을 많이 타는 여인이었다. 너무나 외로웠던 조희는 넘지 말아야 할 선을 넘고 말았다. 옛 애인이었던 여불위를 밤마다 자신의 방으로 불러들이기 시작했던 것이다. 과거에 사랑했던 사이였으니 괜찮다고 생각했던 것일까? 둘의 관계가 깊어질수록 여불위의 불안은 점점 커졌다. 조희와의 관계를 이대로 지속해서는 안 될 일이었다.

이때 번쩍하고 떠오른 묘수에 여불위는 무릎을 쳤다. 셴양 출신의 신체 건장하고 정열적인 남자, 노애를 그녀와 만나게 한 것이다. 정상적인 남자는 궁에 들어갈 수 없으니 그를 환관으로 꾸며 조희 곁에 두었다. 그 둘은 부적절한 관계를 넘어 결국 임신까지 하고 말았다. 과부가 아이를 가졌으니 입이 열 개라도 할 말이 없을 텐데, 이미 제정신을 잃은 조희는 점쟁이를 매수하기에 이른다. 점쟁이는 거짓 점괘를 왕에게 올린다.

"태후의 몸에 나쁜 기운이 들었으니 옛 도읍인 옹으로 거처를 옮겨 요양하시게 해야 하옵니다."

옹의 대정궁으로 요양을 온 조희와 노애는 그곳에서 아들을 둘이나 낳고 산다. 무식하면 용감하다고 했던가? 아무튼 입이

떡 벌어질 법한 일이다. 이런 사정을 전혀 몰랐던 정은 어머니가 입이 마르게 칭찬하는 노애를 장신후에 봉하고 땅까지 하사하기에 이른다.

하지만 분수에 맞지 않는 큰 복으로 하늘에 붕 떠 있던 노애는 그만 사고를 치고 만다. 정이 스무 살이 되던 해, 옹의 대정궁에서 왕의 성인식이 성대하게 치러졌다. 잔치가 한창 무르익고 거나하게 술에 취해 있었던 노애는 함께 바둑을 두던 대신과 실랑이를 벌였다. 싸움이 커지고 안하무인인 노애에게 크게 모욕을 당한 그 대신은 왕에게만큼은 쉬쉬했던 조희와 노애의 관계를 발설하고 만다. 사실을 알게 된 왕은 분노했고 궁지에 몰린 노애는 반란을 일으켰다. 방귀 뀐 놈이 성을 낸 것이다. 반란은 간단하게 진압되었지만 처분은 혹독했다.

노애는 팔다리가 찢기고 두 아들은 포댓자루 속에서 맞아 죽었으며 조희는 궁에 갇히고 만다. 그럼 원인 제공자였던 여불위는 어떻게 되었을까? 그 역시 벌을 받는다. 그는 승상직에서 쫓겨나 식읍지인 뤄양에서 조용히 살라는 명을 받는다. 그런데 조용히 살라는 왕의 명령에도 많은 이들이 여불위를 찾자 그는 더 멀리 시골구석인 쓰촨으로 쫓겨난다. 이에 격분한 여불위는 분을 못 참고 자결하여 생을 마친다. 참으로 한 편의 영화 같은 삶이다.

그때가 정이 즉위한 지 12년 되던 해였으니 스무네 살로 한창 혈기왕성할 때였다. 그런데 정이 조희와 노애의 관계를 정말 몰랐을까? 그 사건은 어찌 보면 여불위의 그늘에서 벗어나 자신의 자리를 찾고 싶었던 정에게 찾아온 절호의 기회였을지 모른다.

03

정, 전국 7웅을 손아귀에 거머쥐다

승상인 여불위가 사라지자 정은 비로소 스스로 통치할 수 있게 되었다. 정은 이사라는 법가 학자를 재상으로 삼았다. 춘추 시대에는 형식적으로나마 제후국인 주나라의 눈치를 봐야 했지만, 전국 시대는 그런 형식적인 충성조차 필요 없었다. 대체로 7개의 강한 나라(전국 7웅)가 서로 힘을 겨루고 있었지만 그중 넘버원은 진나라였다. 진나라를 제외한 한(韓)·위(魏)·초(楚)·연(燕)·조(趙)·제(齊) 여섯 나라는 힘을 합(합종)하거나 또는 각자 진나라와 손을 잡으며(연횡) 살아남기 위해 분주한 모습이었다. 그렇다면 진나라는 어떻게 넘버원이 될 수 있었을까? 변방의 작은 나라였던 진나라는 제9대 효공 때 상앙의 개혁 정치를 바탕으로 세력의 기반을 닦았다. 그러나 진나라가 여섯 나라를 거머쥐는 데 가장 큰 역할을 한 사람은 이사다. 그는 합종하려는 여섯 나라를 서로 이간질해 진나라가 유리하게 만들었다.

이사, 그가 궁금하다

초나라 사람인 이사는 어떻게 정의 눈에 들어 재상까지 되었을까? 그는 순자의 제자로 한비(한비자)와 함께 공부한 선후배 사이다. 제왕학을 배운 이사는 큰 뜻을 품고 서쪽 진나라로 향했고 진나라에 당도할 즈음 장양왕이 죽었다. 그리고 그를 눈여겨본 여불위의 추천으로 왕의 시종관이 되어 처음 일을 시작했다. 그러다 어느 날 그는 왕에게 자신의 책략을 이야기할 기회를 얻는다.

"남의 허점을 그냥 지나치는 것은 매우 어리석은 일입니다. 지금 이 천하를 통일할 수 있는 절호의 기회입니다. 지금 서두르지 않는다면 여섯 나라의 왕들은 다시 힘을 합쳐 진나라에 위협을 가할 것입니다. 서두르셔야 합니다."

왕과 이사는 코드가 맞았다. 야심 많은 왕에게 흡족한 의견을 내놓은 덕분에 그는 승승장구할 수 있었고 많은 계책으로 왕을 만족시켰다. 그는 20년 후 전국을 통일하는 데 큰 역할을 할 뿐만 아니라 진나라가 멸망하는 데도 한몫한다. 앞으로도 그의 이름이 나올 기회가 많으니 그때그때 또 이야기하겠다.

진(秦)이 진(晉)을 삼키다 — 한·조·위의 멸망

여섯 나라 중 가장 먼저 먹잇감이 된 나라는 약체인 한나라였다. 진나라의 침략을 예감한 한나라는 먼저 행동에 나선다. 진왕은 평소 한비가 쓴 『고분(孤憤)』과 『오두(五蠹)』라는 책을 즐겨 읽었는데, 진왕은 책을 읽고 한비의 지식에 감동하여 그를 직접 만나보고 싶어했다. 이를 알게 된 한나라는 전쟁을 막아볼 심산으로 한비를 진나라에 사신으로 보낸다. 한비를 직접 만난 진왕은 그의 학식에 탄복하여 승상직을 주고 곁에 두고 싶어했다.

이를 눈치챈 이사는 마음이 급해졌다. 함께 공부했던 사이라 한비의 능력을 너무나 잘 알았기에 그에게 왕의 사랑을 빼앗기는 건 시간문제라고 생각했다. 그리하여 이사는 한비를 모함해 감옥에 가두고는 서둘러 독살한다(자살했다고도 한다). 왕의 마음이 언제 바뀔지 몰랐기 때문이다. 아니나 다를까. 진왕은 한비를 풀

어주라 명한다. 하지만 안타깝게도 그는 이미 이 세상 사람이 아니었다.

한비에 대한 죽음에도 다양한 가설이 난무한다. 이사의 질투 때문에, 전국 통일에 방해가 되리라는 시황제의 판단 때문에, 그리고 분위기를 파악하지 못하고 무리한 주장을 한 한비의 무모함 때문이라고 해석하는 견해도 있다. 한비의 죽음에 대해 논쟁이 격렬했던 것은 그의 허무한 죽음이 너무 안타까웠기 때문은 아닐까?

한나라의 간절한 노력은 이렇게 허무하게 끝이 났다. 예상했던 대로 3년 후, 진나라의 대군은 한나라의 수도인 신정으로 밀고 들어왔다. 성은 함락당했고, 한나라의 마지막 왕인 안(安)이 투항하니 한나라는 세워진 지 104년 만에 멸망하고 만다.

한나라가 멸망하자 다섯 나라는 긴장했다. 우려가 현실로 다가왔기 때문이다. 진나라의 다음 목표는 조나라였다. 조나라와 진왕은 특별한 인연이 있었다. 조나라는 진왕 정이 태어나 자라고 아비가 인질로 머물렀던 곳이었기 때문이다.

한과 다르게 조는 만만한 상대가 아니었다. 소양왕 때부터 눈독을 들였던 조나라는 발달한 기마술을 가진 군사 강국이었다. 그러나 조는 진과 맞붙은 장평 전투(전국 시대 판도를 바꾼 중요한 전투로 이 전투에서 승리한 진나라는 전국 통일의 기반을 다졌고, 조나라는 이 전투에서 멸망의 첫 단추를 채우게 된다)에서 크게 패했고 항복한 40만 명의 군사가 생매장당하는 수모를 겪으며 휘청거렸다. 게다가 내부적으로도 왕실을 무시하는 제후들 때문에 혼란스러웠다. 명장 이목만이 나라를 지킬 유일한 희망이었다.

계책의 달인인 이사가 이 사실을 모를 리 없었다. 역시나 그는 조나라 귀족들을 매수해 이목을 역적으로 꾸미는 데 성공한다. 억울함을 참지 못한 이목은 결국 스스로 목숨을 끊었으니 조나라의 크나큰 실책이었다.

밑 작업이 끝난 진나라는 더 망설일 필요가 없었다. 기원전

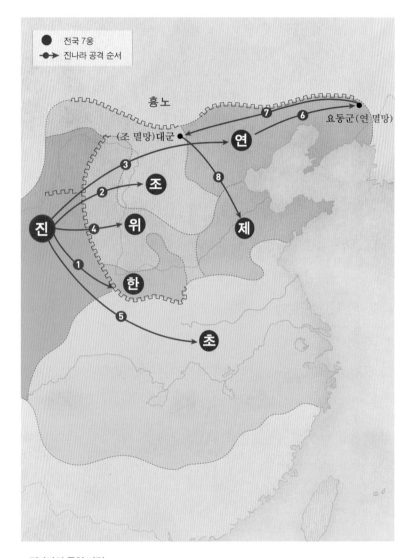

• 진나라의 통일 과정

진나라는 전국 시대에 할거하던 전국 7웅 한·위·초·연·조·제를 차례대로 공격하여 멸망시키고 기원전 221년, 드디어 전국을 통일한다.

228년, 진은 조의 수도 한단을 공격했다. 조나라 왕인 천(穿)은 투항했으나 그의 형인 가(嘉)는 북쪽으로 달아났다. 가는 남은 병력을 모아 5년간 끈질기게 저항하며 버텼으나, 진의 장수인 왕분에게 사로잡히고 만다. 공격은 먼저 받았지만 5년 동안 저항한 덕분에 조나라는 여섯 나라 중 다섯 번째로 멸망한다(기원전 222년).

그렇다면 두 번째로 멸망한 나라는 어디일까? 기원전 225년에 멸망한 위나라이다. 위나라는 전국 7웅 중 가장 먼저 강국으로 등장했고 문화도 눈부시게 발전했다. 위는 한때 진의 동방 진출과 제의 서방 진출을 억제할 정도로 막강한 파워를 자랑했었다. 그러나 지배층이 부패하고 왕권이 약해지며 위는 진에 대항할 힘을 잃게 된다.

진은 황허 강의 제방을 무너뜨려 위의 수도인 대량을 물에 잠기게 한 후 함락시켰다. 춘추 시대 강국이었던 진(晉)나라에서 나뉜 나라가 한·조·위이다. 이로써 서쪽 변방의 무시당하던 진(秦)나라가 잘나가던 중원의 삼진(三晉)을 삼켜버린 것이다.

방심은 금물이다 – 초·연·제의 멸망

다음 목표는 남쪽에서 거대하게 버티고 있던 초나라였다. 넓은 영토와 많은 인구를 가진 초나라. 진나라는 초나라를 치기 위해 고민에 빠진다. 진왕은 두 장수를 불러놓고 묻는다.

"초나라를 함락하려면 몇 명의 군사가 필요하겠는가?"

팔팔한 젊은 장수 이신은 20만 명이면 충분하다 하고, 백전노장인 명장 왕전은 60만 명은 있어야 한다고 대답한다. 왕은 누가 더 맘에 들었을까? 물론 이신이다. 혈기왕성한 이신은 20만의 군사를 이끌고 초나라를 향해 날듯이 나아갔다. 자존심이 상한 왕전은 병을 핑계로 그 길로 고향으로 내려가 버렸다.

큰소리쳤던 이신의 출발은 산뜻했다. 그러나 쉼 없이 3일 밤낮을 달려온 피로 때문이었을까? 초나라 군사에게 크게 패하고 만다. 패전 소식에 진노한 왕은 급히 왕전을 찾았다. 그러고는 그의 고향인 빈양으로 직접 달려갔다.

"왕전 장군, 내가 실수했소이다. 지금 초나라 군사들이 서쪽으로 달려오고 있소. 나 좀 도와주시구려."
"저는 이제 병들고 늙었습니다. 허나 제가 꼭 필요하시다면 조건이 있습니다. 군사는 60만 명이 필요하고, 나중에 제가 편히 살 수 있도록 땅과 집을 내려주십시오."

진왕은 그의 조건을 허락했고 왕전은 군사를 이끌고 초나라로 출발했다. 왕은 의심이 많은 사람이었고 왕전은 영리한 사람이었다. 진나라 군사 대부분이 왕전의 휘하에 있었기에 사소한 실수로도 역모죄를 뒤집어쓸 위험이 있었다. 그는 왕을 안심시켜야 했다. 그래서 이동하는 중에도 집요할 정도로 땅과 집에 대한 약속을 확인받으며 작은 욕심에 만족하는 사람으로 보이려 애썼다. 왕은 그의 이런 모습에 껄껄 웃으며 안심했다 하니 왕전은 왕보다 한 수 위였음이 틀림없다.

아무튼 그는 사소한 부분까지 신경 써가며 초나라 코앞에 다다랐다. 그런데 왠지 왕전은 싸울 기미를 보이지 않았다. 한편 초나라 군사들은 한바탕 결전을 치르기 위해 비장한 마음으로 기다리는 중이었다. 하지만 왕전은 군사들에게 그냥 충분히 먹고 쉬고 씻으라는 말만 한다. 과연 왕전은 뭘 하자는 거였을까?

이러다보니 애가 타는 쪽은 초나라였다. 초나라군은 여러 번 싸움을 걸었지만 아무 반응이 없자 포기하고 군사를 동쪽으로 이동시켰다. 왕전은 이 기회를 놓치지 않고 후방을 기습공격하였다. 당황한 초나라군은 우왕좌왕했고 이 공격으로 초나라 장수 항연이 목숨을 잃었다. 장수를 잃은 초나라군은 달아나기 바빴다. 그 후로도 전쟁은 1년간 계속되었지만 끈질긴 공격으로 마침내 초나라 왕인 부추를 사로잡기에 이른다.

이렇게 초나라는 519년의 역사를 뒤로한 채 멸망했다(기원전 223년). 반천 년의 역사를 잃은 초나라 백성들은 이 사실을 인정하고 싶지 않았을 것이다. 역사를 다시 되돌리고 싶었던 초나라의 한 장수가 있었으니 그가 바로 15년 후 큰 파란을 몰고 올 초한전의 항우이다. 항우는 항연의 손자이기도 하다.

이제 연나라 차례였다. 싸우고 멸망하고 각 나라가 물어뜯는 틈바구니에서 연나라는 어찌할 바를 몰랐다. 진나라가 3진(한·위·조)을 멸망시키고 중원을 차지할 때 진을 빠져나온 두 사람이 있었다. 연나라 태자 단(丹)과 진나라 장수 번오기였다. 두 사람 모두 진왕 정에게 복수의 칼을 갈고 있었다.

번오기는 돌직구 발언을 잘하는 사람이다. 그 대상이 설사 왕이라 해도 한 치의 망설임조차 없었다. 왕과 심하게 설전이 오간 날, 그는 아무래도 불만 가득했던 왕의 눈빛이 마음에 걸려 집으로 바로 가지 못하고 부하의 집에 들렀다. 먼저 가족을 피신시킬 요량으로 부하를 집에 보냈건만 가족들은 이미 몰살당했고, 왕은 그를 찾기 위해 눈에 불을 켜고 있었다. 그 길로 그는 연나라로 도망갔다.

그럼 연나라 태자 단에게는 무슨 사연이 있었던 걸까? 그도 어릴 적에 조나라에 볼모로 잡혀가 있었다. 정 역시 아비인 자초가 볼모였기 때문에 연의 단과 진의 정은 어릴 때부터 동무 사이였다. 세월이 흘러 정은 진나라의 왕이 되었고, 단은 다시 진나라에 볼모로 보내졌다. 단은 어릴 적 동무에 대한 친근함을 기대하며 정을 대면했지만, 정의 태도는 오만하고 냉정했다. 두 사람은 이제 마주할 수 있는 처지가 아니었다. 단은 서운하고 비참했으리라. 더 이상 진나라에 머물고 싶지 않았던 단은 몰래 진나라를 빠져나왔다.

한편 연나라 신하들은 번오기 때문에 불안했다. 진왕에게 미운털이 박힌 사람을 보호한다는 건 엄청난 부담이었다. 그들은 번오기를 돌려보내야 한다고 목소리를 높였다. 그러나 동병상련이었을까? 단은 기꺼이 번오기의 바람막이가 되어주었다. 단은 복수하고 싶은 마음에 고심했고, 결국 암살이라는 방법을 택했다. 그는 형가라는 자객을 보내 암살을 시도했지만 안타깝게도 실패하고 만다. 간신히 목숨을 건진 정의 분노는 하늘을 찔렀고 그 즉시 연나라를 공격했다. 10개월 만에 연나라 수도인 계성이 함락되고 연왕 희(喜)와 태자 단은 동쪽으로 달아났다. 하지만 공격은 계속되었고 마침내 연나라는 멸망하고 만다(기원전 222년).

진의 손에 한·위·초·연·조가 스러지고, 마지막으로 제나라만

멸망 순서	멸망 연도	나라 이름	보충 설명
1	기원전 230	한나라	
2	기원전 225	위나라	
3	기원전 223	초나라	기원전 224년 공격 1년 후 멸망
4	기원전 222	연나라	기원전 227년 진왕 정 암살 실패 기원전 226년 공격 4년 후 멸망
5	기원전 222	조나라	기원전 229년 공격, 5년간 항전 후 멸망
6	기원전 221	제나라	전쟁 없이 항복

· **전국 7웅의 멸망 순서**

이 남았다. 진은 예로부터 가까운 나라는 공격하고 멀리 있는 나라와는 친하게 지낸다는 '원교근공(遠交近攻)' 정책을 펼쳤다. 그덕분에 위치상 멀리 떨어져 있던 제나라는 50년 넘게 진나라와돈독한 관계를 유지할 수 있었다. 그러나 돈독한 관계를 유지하며 진의 사절단은 오랫동안 뇌물로 제의 고위층을 망가뜨렸으며부패와 타락이라는 함정에 빠뜨렸다.

진을 너무 믿었던 것일까? 게다가 제는 주변국이 무너질 때마다 사신까지 보내 축하하며 강 건너 불구경하듯 느긋하게 지내고 있었다. 아마도 진의 칼끝이 자신들에게 향하리라고는 꿈에도 생각하지 못했을 것이다. 뒤늦게 이상한 낌새를 눈치챘지만 이미 화살은 활시위를 떠난 뒤였다. 진의 대군은 조를 멸망시키고 돌아오는 길에 남쪽으로 방향을 바꿔 제를 급습했고 제는 허무하게 무너져버렸다(기원전 221년).

이렇게 전국 시대를 주름잡았던 여섯 나라가 차례차례 무너져 마침내 거대한 하나의 나라가 되었다. 중국이라는 최초의 통일 국가가 탄생하는 역사적 순간이었다.

04

정의 목숨을 노려라

세상에 공짜는 없는 법, 통일 과정에서 진왕 정은 여러 번 목숨을 잃을 뻔했다. 하지만 운 좋게도 매번 위기를 비껴간 정은 행운의 사나이였다. 대표적인 암살미수 사건은 앞에서도 잠깐 언급했듯 연나라 태자 단과 형가라는 자객이 꾸민 공동 작전이었다.

하지만 이 작전의 실패로 연나라는 멸망으로 가는 급행열차에 올라타게 된다. 그리고 후속편으로 형가의 친구인 고점리가 극적인 반전을 시도하나 이 역시 실패하고 만다. 이 두 사건에 관한 이야기는 『사기』「자객열전」에 자세하게 나와 있다. 「자객열전」은 춘추전국 시대에 활약한 다섯 명의 자객에 관한 이야기로 형가도 다섯 주인공 중 한 사람이다.

태자 단과 형가의 위험한 도박

형가는 위나라 사람으로 책 읽는 것을 좋아하고 검술에 능했다고 한다. 형가는 '축'이라는 악기를 연주하는 고점리와 친구 사이였다. 둘은 술 먹고 노래하고 춤추는 것을 즐겼고, 개 잡는 백정이나 주정뱅이와도 자주 어울렸다. 술을 좋아한 형가는 고점리의 반주에 맞춰 춤추고 노래하고 때로는 눈물도 흘리며 그렇게 자유롭게 살고 있었다. 그러나 한편으로는 제후국들을 돌아다니며 현인·호걸과도 사귀었다고 하니, 그는 때를 기다리던 평범치 않은 인물이었는지도 모른다.

이런 인물 됨됨이를 한눈에 알아본 이가 있었으니 연나라 사람인 전광 선생이라는 자이다. 그 역시 비범한 인물로 형가와 단을 이어주는 역할을 했다.

앞에서 얘기했듯이 태자 단은 진왕 정에게 복수할 생각에 온몸이 부들부들 떨렸지만 의욕만 가지고 맞서기엔 진나라는 너무 강했다. 진은 이제 막 한을 멸망시키고 조를 공격하며 한창 잘나가고 있었기 때문이다. 연나라로서는 별 뾰족한 수가 없었다. 단은 답답한 마음에 스승이 소개해준 전광 선생을 만났다.

"연나라는 진나라와 함께 갈 수 없습니다. 선생님은 어떻게 생각하시는지요?"

"저는 너무 늙어 자격이 없습니다만 아마 형가라면 도움이 될 것입니다."

"형가를 만나게 해주십시오. 그러나 이 일은 절대 밖으로 새어나가면 안 됩니다."

얼마 후, 전광 선생은 형가에게 태자의 이야기를 전한 후 그 자리에서 스스로 목을 찔러 자결한다. 비밀을 지키려 한 행동이었지만 너무 과한 행동이 아닐 수 없다. 하지만 그런 길을 택할 수밖에 없었던 것은 자신을 믿지 못한 태자에 대한 서운함과 자객으로서의 절개를 보여주고 싶었던 절박함으로 이해된다.

드디어 형가와 태자가 만났다. 단은 형가에게 말했다.

"진나라의 욕심은 끝이 없소. 이 싸움은 진이 모든 땅을 차지해야 끝날 것이오. 한은 이미 멸망했고 초와 조가 위험한 상황이오. 하지만 난 아무런 힘이 없소. 용기 있는 자가 나서준다면 아직 희망이 있다고 생각하오. 진왕을 설득해 그가 빼앗은 땅을 다시 돌려받을 수 있다면 가장 좋겠지만 그러지 못한다면 진왕을 죽이는 게 어떻겠소? 그것이 내가 가장 바라는 바요."

거듭 거절하는 형가를 설득하여 원하는 대답을 끌어낸 태자는 그에게 관직을 내리고 귀하게 대접했다. 그러나 시간이 흘러도 형가가 움직이지 않자 태자는 조바심이 났다. 재촉하는 태자를 향해 형가가 말했다.

"신이 진나라 왕에게 접근하려면 우선 준비해야 할 것들이 있습니다. 번오기의 머리와 연나라의 기름진 땅 독항의 지도입니다. 진나라 왕이 엄청난 현상금을 걸고 번오기를 찾고 있다 하니 이를 준비해가면 틀림없이 진나라 왕이 기뻐하며 맞을 것입니다."

번오기를 지켜주고 싶었던 태자는 선뜻 결정하기 힘들었다. 형가는 번오기를 직접 만나 설득했고, 암살 계획을 들은 그는 흔쾌히 응했다. 자신의 목숨보다 복수가 먼저였던 것이다.

태자는 독을 묻힌 비수와 거사를 치를 나름 용감하다고 소문난 진무양이란 부하까지 준비시켜 형가에게 길을 재촉했다. 형가는 거사를 함께 할 미더운 동료를 기다리던 중이었지만, 태자의 독촉에 할 수 없이 진무양만 데리고 길을 떠났다. 역수(이수이

• 형가의 시황제 암살시도 장면
연나라 태자 단은 형가를 자객으로 보내 시황제를 암살하고자 했다. 실패하여 붙잡힌 형가, 피하는 시황제, 번오기의 머리, 벌벌 떠는 신하의 모습 등이 보인다.

강)에서 고점리의 축에 맞춰 노래 「역수가(易水歌)」를 부르니 모두가 눈물을 흘렸다고 한다.

바람은 서늘하고
역수는 차구나
장사 한 번 떠나면
다시 돌아오지 못하리!

쫓는 형가, 쫓기는 진왕 그리고 손 놓고 바라만 본 신하들
진나라에 도착한 형가는 진왕의 총애를 받던 몽가란 이에게 뇌물을 바쳐 드디어 진왕을 만날 기회를 만든다. 물론 번오기의 머리와 독항의 지도는 미끼였다.

드디어 진의 왕궁인 셴양궁에서 거사를 치를 기회를 잡았다. 형가는 번오기의 머리가 든 함을, 진무양은 독항 지도를 들고 황제가 앉아 있는 단의 계단 앞에 이르렀다. 그런데 진무양의 얼굴이 하얗게 변하더니 사시나무 떨듯 떠는 것이 아닌가? 누가 봐도 이상스럽게 여기지 않을 수 없었다. 자칫하면 실패할 수도 있는 상황이었다. 하지만 형가는 당황하지 않고, 자연스럽게 진무양이 들고 있던 지도를 건네받아 진나라 왕에게 바쳤다.

왕이 지도를 펼치자 그 안에서 스치기만 해도 죽을 수 있는 독이 묻은 비수가 나왔다. 그는 재빨리 왼손으로는 왕의 소매를 부여잡고, 오른손으로는 비수를 집어 왕을 찔렀다. 이에 깜짝 놀란 진왕은 벌떡 일어섰고 그 바람에 소매만 찢기고 다행히 비수는 피할 수 있었다. 그는 왕을 쫓으며 비수를 휘둘렀고 왕은 기둥 사이로 피해 도망쳤다.

그런데 이상하지 않은가? 아무도 위험에 처한 왕을 도우려 단 위로 뛰어오르지 않았다. 왜? 무엇 때문에? 도무지 이해할 수 없는 상황이었다.

그건 다름 아닌 진나라의 엄격한 법 때문이었다. 진나라 법은 누구도 왕의 허락 없이 무기를 들고 왕이 있는 단 위에 오를 수 없었다. 비록 호위무사라도 말이다. 당황한 왕은 명령을 내릴 새가 없었고, 신하들은 왕의 명령 없이는 무기를 들고 오를 수 없었기에 생긴 기막힌 광경이었다.

다들 발만 동동 구르던 와중에 어의인 하무저가 들고 있던 약봉지를 형가의 얼굴을 향해 집어 던져 왕은 겨우 위기를 모면했다. 그러고는 궁지에 몰린 왕에게 일제히 소리쳤다.

"폐하, 등을 지고 칼을 뽑으소서."

왕도 칼을 차고 있었지만 칼이 너무 크고 길어 급하게 뽑으려 하자 뽑히질 않았던 것이다. 신하들의 말에 왕은 등을 지고 칼을 뽑아 형가의 허벅지를 베어버렸다. 형가는 쓰러지며 비수를 던졌지만 그것 역시 빗나갔다. 좌우에 있던 신하들이 달려 나와 형가를 난도질했고 진무양 역시 그 자리에서 즉시 죽였다.

이 사건으로 정은 분노했고 10개월 만에 연나라의 수도인 계성(薊: 지금의 베이징 인근)까지 밀고 들어갔다. 다행히 몸을 피한 연왕 희와 태자 단은 동쪽으로 달아났지만, 4년 후 랴오둥을 공격한 진나라에 의해 결국 멸망했다(연왕이 단을 죽여 진왕에게 그의 목을 바쳤다는 등 여러 가지 이야기가 전해지고 있지만, 여기서는 「자객열전」에 따랐다).

암살 사건 직후 진왕은 이 사건과 관련된 사람들을 잡아내려 혈안이 되었다.

이때 형가의 친구인 고점리 역시 신분을 위장하고 송자라는 마을로 몸을 피했다. 그리고 그 역시 본의 아니게 진왕 암살미수 사건의 또 다른 주인공이 된다.

형가의 못다 이룬 꿈을 위해 축을 집어던진 고점리

신분을 숨긴 채 하인으로 고달프게 살아가던 어느 날, 고점리는 주인집 마루에서 축을 타고 노래하는 소리를 듣는다. 오랜만에 듣는 축 소리에 마음을 빼앗긴 그는 축을 연주하는 솜씨에 대해 혼잣말로 중얼거렸다. 그때 옆에 있던 하인이 그의 말을 듣고 주인에게 고해바쳤다.

"저놈이 주제에 축에 대해 아는지 연주 솜씨를 평했습니다."

그러자 집주인은 고점리를 불러 축을 타보라 명했다. 그는 작심한 듯 옷을 갈아입고 축을 꺼내 연주했다. 그의 연주에 사람들은 감탄했고 그를 귀하게 대접했다. 그 후 그를 초대하는 사람이 많아졌다. 소문은 흘러 흘러 시황제(이 시기는 전국 통일 이후라 시황제로 칭하겠다)의 귀에까지 들어갔다. 시황제는 그를 초대해 연주하게 했고 연주 솜씨에 감동한 시황제는 그를 옆에 두고 싶어했다.

아뿔싸, 세월이 흘렀어도 그를 알아보는 이가 있었으니 그가 형가의 친구였다는 사실이 밝혀졌다. 고점리를 죽이기에는 그의 연주 솜씨가 너무 아까웠던 시황제는 대신 고점리의 눈을 멀게 해 자신의 곁에 뒀다. 그리고 그의 연주에 빠져 칭찬을 아끼지 않았다.

고점리의 마음을 헤아려보자. 친구인 형가의 죽음, 눈이 먼 채 인형처럼 연주만 해야 하는 자신의 신세를 생각하면 시황제가 죽이고 싶도록 원망스러웠을 것이다. 그는 축의 빈 곳에 납을 채우고는 기회를 엿보았다.

마침내 기회를 얻은 그는 연주하던 축을 시황제 쪽으로 힘껏 던졌다. 그런데 날아간 축은 시황제를 비껴가고 말았다. 하늘도 무심해라, 옆에 있던 징의 울림 때문에 방향을 잘못 잡았던 것이다. 그 자리에서 고점리의 목은 즉시 잘려나갔고, 그 이후 시황제 곁엔 다른 나라 출신 사람은 얼씬조차 못 하게 됐다.

05

통일 제국 진나라를 세울 수 있었던 밑거름은 무엇이었나?

서쪽 변방의 작은 나라가 최초로 중국을 통일했다. 변방은 정치·경제·문화적으로 중앙에서 소외당하기 쉽고 불리한 면이 많다. 그러나 그런 약점이 오히려 이로울 수도 있다. 특히 중앙에 위치한 강한 나라들이 그들끼리 치열하게 대립할수록 변방에선 힘을 키울 수 있는 시간이 주어지기 때문이다. 물론 그걸 잘 활용했을 경우에만 해당하는 얘기다. 가장 늦게 발전한 변방의 작은 나라인 신라가 고구려와 백제가 서로 대립할 때 힘을 키워 삼국을 통일했듯이 말이다.

촌스러운 진나라 역시 중앙에서 멀리 떨어져 있었던 덕분에

受天眷命　雄志前人
逖逖悅那　偃武修文
惟賢是賓　法度彰明
建用皇極　愛叙彝倫

武王

- **주 무왕**

　무왕은 은 왕조를 무너뜨린 주나라 제1대 왕이다. 각각의 제후들에게 땅과 백성을 다스릴 수 있는 권한을 주고, 왕에게 충성하며 세금을 바치게 하는 봉건제를 창설했다.

강대국의 간섭을 덜 받고, 견고한 제도가 없었기 때문에 오히려 강력한 개혁이 가능했다. 시황제의 통치 능력 이전에 진나라는 이미 통일의 밑바탕을 갖춰놓고 있었던 것이다.

변해야 살아남는다

중국의 역사는 황하 문명으로부터 시작되었다. 그 후 중국은 벼농사를 통해 신석기 문명을 발전시켜나갔다. 한반도에선 청동기 시대부터 벼농사가 시작되었으니 중국이 우리보다 조금 일찍 벼농사를 시작했다고 볼 수 있다. 그렇게 시작된 문명은 하나라와 상나라(은나라)를 거쳐 주나라로 이어진다.

기원전 1046년, 주나라의 무왕(재위: 기원전 1046년경~기원전 1043년경)이 상나라를 멸망시키고 주나라를 건국한다. 이즈음 한반도에는 고조선이 건국되어 단군왕검이 나라를 다스리고 있었다. 주나라 무왕은 넓어진 땅을 다스리기 위해 '봉건제'를 실시한다. 봉건제란 왕은 제후들에게 땅과 백성을 다스릴 수 있는 권한을 주고, 제후는 왕에게 군사적인 충성과 세금을 바치는 통치 제도이다. 그런데 시간이 흐르면서 봉건 제도에도 문제가 생기기 시작한다. 주나라를 받들던 제후들의 생각이 '우리가 남이가?'에서 '우리는 남이다'로 변해버렸던 것이다.

이에 왕위 다툼으로 정신없던 주나라는 마침내 멸망하고 동쪽으로 나라를 옮겨 주나라의 명맥을 겨우 잇는 동주 시대가 시작되었다. 그러나 동주는 이미 예전의 화려했던 그 주나라가 아니었다. 그렇게 힘이 없는 동주를 중심으로 형식적인 봉건 제도가 남아 있던 혼란스러운 춘추 시대와 강자만이 살아남는 전국 시대가 시작된다. 그리고 제후국 중 하나인 진(晉)에서 갈라진 한·위·조가 각기 나라를 세우면서 시작된 전국 시대는 진나라가 전국을 통일하면서 마감된다.

춘추전국 시대, 각 나라는 살아남기 위해 하극상으로 무너진 주나라의 봉건 제도 대신 군주를 중심으로 하는 새로운 제도를 마련해야 했다. 이들 중 가장 먼저 개혁 정책을 시행했던 나라는 조나라였다. 조나라는 우수한 인재를 뽑고 근검절약을 강조함으로써 강한 나라를 만들고자 애썼다.

그 외에도 위나라의 이회는 『법경(法經)』을 만들어 법치 제도를 이루었고, 한나라의 신불해는 중앙집권 제도를 시행하여 강력한 힘을 가진 군주의 나라를 꿈꾸었다.

그중에서도 강력한 개혁으로 서쪽 변방의 별 볼일 없던 진나라를 전국 7웅 중 넘버원으로 만든 재상이 있었다. 바로 상앙이다. 상앙은 법가 정신을 바탕으로 정치·경제·사회 각 분야에 엄청난 변화를 일으킴으로써 중앙집권 체제를 강화시켰다.

자신이 만든 법에 의해 찢겨진 상앙

상앙의 본래 이름은 공손앙으로 위나라 사람이다. 후에 상(商)이라는 벼슬에 임명되어 주로 상앙이라고 불렸다. 그는 위나라에서는 재능을 인정받지 못해 진나라로 오게 된다. 춘추 5패(춘추시대 차례로 천하를 제패한 다섯 명의 제후왕) 중 하나였던 진나라 목공의 영광을 재현하고 싶었던 효공은 재능 있는 인재를 얻기 위해 나라의 문을 활짝 열어놓았던 것이다. 그렇게 상앙은 기원전 359년 효공에게 등용된다.

상앙은 '변법(變法)'으로 유명하다. 변법은 봉건 질서 아래에서 유지되어온 전통이나 관습 대신 군주를 중심으로 하는 법치 체계로 바꾸려는 개혁 정책이다. 전국 시대에 여러 나라가 변법을 시도했지만 상앙의 변법이 가장 강력하고 효과적이었다고 평가받는다.

상앙은 그렇게 강력한 법을 만든다. 그리고 새로운 법을 공포하기에 앞서 그 법을 믿고 따르게 하려고 한 가지 묘안을 낸다. 도성의 남문 앞에 기다란 나무 기둥을 세우고, 그 나무 기둥을 북문으로 옮기는 사람에게 10금의 상금을 내린다는 방을 붙인 것

• 상앙

상앙은 진나라의 정치가이다. 효공 밑에서 법제·전제·세제를 개혁했다. '상'이라는 벼슬에 임명되어 본래 이름 공손앙 대신 상앙이라 불렸다.

이다. 하지만 사람들은 이렇게 쉬운 일에 많은 상금을 준다는 것을 의심하여 아무도 행동으로 옮기지 않았다. 상금은 50금으로 올라갔다. 밑져야 본전이라는 생각에 한 남자가 그 기둥을 척하니 메고 북문으로 옮겨놓았다. 그러자 상앙은 많은 사람이 보는 앞에서 그 남자에게 50금의 상금을 내린다.

이 사건을 계기로 백성들은 나라에서 정한 법률을 믿고 따르게 된다. 신뢰를 얻은 것이다. 법이란 모든 이들이 지켜야 진가를 발휘하고, 이를 어겼을 때는 공평하게 처벌받아야 비로소 제 역할을 할 수 있다. 상앙의 법은 매우 엄격하고 혹독했지만 만인에 게 공평했다.

상앙의 변법은 여러 분야에서 행해졌으니 간략하게 살펴보면 다음과 같다.

- 농지 개혁으로 농민을 잘살게 해 산업을 발전시켰다.
- 군현 제도를 만들어 관리를 파견하고 군주가 힘을 얻는 중앙집 권화를 이루었다.
- 호적을 작성함으로써 전쟁에 나갈 수 있는 군인의 수를 파악할 수 있었고 이로써 국방이 더욱 튼튼해졌다.
- 백성을 5가구, 10가구 단위로 묶어서 서로 감시하게 하고 상벌 을 확실하게 처리했다.
- 귀족이나 왕족에 대한 특혜를 폐지했다. 평민이라도 전투에 나 가 공을 세우면 신분과 토지를 상으로 주어 능력 위주의 사회를 만들려 했다.
- 도로를 만들고 마차의 폭과 도량형(물건의 양과 길이를 측정하는 단 위)을 통일했다.

상앙의 변법은 전국 통일 후 시황제가 시행했던 정책과 많이 닮아 있다. 시황제는 변법 중 많은 부분을 통일 제국 전체로 확대했다. 이러한 상앙의 변법은 10년이 지나자 효과를 나타내기 시작했다. 도둑이 없어지고 국방과 나라의 재정이 튼튼해졌으며 권력이 왕에게 집중되었다. 그 후 진나라는 무시당하던 나라에서 전국 시대의 강자로 탈바꿈했다.

하지만 양지가 있으면 음지가 있듯 변법에도 문제가 있었다. 법률이 너무 엄격하다는 불평불만의 소리가 여기저기서 터져 나왔다. 공평함이 때로는 불편하게 다가오는 사람들도 있었던 것이다.

어느 날 태자는 사소한 법을 위반했고, 상앙은 공평함을 강조하며 태자에게도 벌을 내렸다. 그러나 다음 왕위를 이어받을 태자에게 형벌을 내릴 수는 없는 일이었다. 상앙은 대신 태자의 후견인과 스승에게 벌을 주었다. 후견인인 공자건은 코가 베였고, 태자의 스승인 공손가의 이마에는 문신이 새겨졌다. 이 사건을 계기로 태자를 포함한 세 사람은 상앙에게 앙심을 품었고, 이 외에도 많은 이가 상앙의 적이 되었다.

권력에는 항상 끝이 있는 법이다. 기원전 338년, 상앙을 등용하고 전폭적으로 지지해주던 효공이 사망하자 태자가 왕위에 올랐고 상앙은 낭떠러지 끝에 서게 된다. 위협을 느낀 상앙은 신분을 숨기고 도성을 빠져나가 한구관에 이른다.

하지만 미처 여행증명서를 챙기지 못한 그는 어느 여관에서도 묵을 수가 없었다. 자신이 만든 법 때문이었다. 당시 진나라에서는 여관 주인이 여행증명서가 없는 여행객을 묵게 할 경우 가족까지 몰살당하는 처벌을 받아야 했다. 자신이 만든 법 때문에 오도 가도 못 하게 생겼으니 기가 막힐 일이었다. 결국 그는 도주를 포기하고 반란을 일으키며 대항해보았지만, 이 또한 역부족이었다. 결국 상앙은 체포되어 도성인 셴양에서 거열형(사지를 찢어 죽이는 형벌)을 당한다.

비록 상앙의 최후는 비참했지만 그가 만든 변법은 나라를 부강하게 만들었고, 이후 시황제가 중국을 통일할 수 있는 밑거름이 되었다. 그리고 통일 이후에도 이러한 개혁은 이어졌으니 본의 아니게 상앙은 시황제의 중국 통일에 큰 역할을 한 셈이다.

눈 감으면 코 베어 간다더니
정말 코를 베는 형벌이 있었다

상앙은 사지가 찢기는 형벌을 받았고, 진나라의 재상 이사와 한나라의 명장 한신은 허리가 잘리는 형벌을 받고 죽었다. 그 외에도 중국의 역사서에서는 코를 베는 형벌, 이마에 먹물로 글자를 새기는 형벌 등을 흔히 볼 수 있다. 이렇게 칼이나 도끼 등으로 죄인의 신체를 훼손하는 고대 중국의 형벌을 육형(肉刑)이라고 한다. 형벌을 뜻하는 '형(刑)' 자에 칼을 뜻하는 '도(刀)' 변이 붙은 이유는 바로 이 육형 때문이다. 육형이 언제부터 시작되었는지는 확실치 않지만 갑골문자에도 기록이 남아 있는 것으로 보아 칼이나 도끼를 만들 수 있게 된 청동기 시대 이후부터 생겼을 거라 추정할 수 있다.

육형은 우리가 잘 아는 체형(體刑)과는 구분된다. 체형은 몸에 매질을 하는 형벌로 사극에서 보는 것과 같이 주로 곤장을 치거나 주리를 트는 형벌인 데 비해 육형은 몸을 절단하거나 훼손시켜서 회복 불능 상태로 만들어놓는 형벌이다.

육형에는 허리를 절단해 죽이는 요참형·남성의 생식기를 자르는 궁형·다리를 자르는 월형·코를 베는 비형·피부에 검은 문신을 새기는 묵형이 있다. 거열형(사지를 찢어 죽이는 형벌)은 상앙이 만든 형벌인데 상앙은 결국 자신이 만든 형벌로 죽임을 당했다.

이런 형벌은 엄격한 법치 국가일수록 더 가혹하게 행해졌다. 그런데 춘추전국 시대를 거치면서 형벌의 형태가 조금 달라진다. 육형은 점차 줄어들고 노동력으로 대신하는 노역형이 증가했던 것이다. 이는 만리장성이나 대운하 같은 대규모 토목공사가 많아졌기 때문이다. 국가적으로 개인을 불구로 만드는 것보다 죄수의 노동력을 이용하는 것이 더 쓸모가 있다고 판단했던 것이다. 그러다가 육형은 한 번의 실수로 평생을 불구로 살아가야 한다는 문제점이 지적되면서 한나라 문제(재위: 기원전 180~기원전 157) 때 공식적으로 폐지된다.

역사는 발전한다. 또한 역사의 발전은 인권의 성장과 함께 발맞춘다. 지금은 상상할 수도 없는 육형과 순장(죽은 자를 위해 산 자를 함께 묻는 풍습)의 폐지는 점차 인권이 발달하고 있음을 확인할 수 있는 지표라 하겠다.

상앙의 변법은 진나라 백성을 행복하게 해주었을까?

법가 학자들이 만든 법은 군주를 위한 법이다. 법가 학자들은 군주의 힘은 키우고 백성은 억누르고 길들이려 하였다. 물론 당시는 군주가 나라의 주인인 세상이었기 때문에 더욱 그러했다.

법가 사상의 최대 수혜자였던 진나라는 상앙의 강력한 변법을 통해 전국 7웅 중 강국이 될 수 있었고, 나라가 안정되면서 범죄가 사라졌다. 그 후 한비의 사상을 따르고 잘 적용시킨 덕분에 중국을 통일할 수 있는 힘을 가질 수 있었다. 하지만 백성은 서로를 감시하면서 법을 조금만 위반해도 목숨을 내놓아야 했다.

나라가 강해야 백성도 잘 살 수 있다. 하지만 나라의 부강이 곧 백성의 행복과 직결된다고 할 수 있을까? 지금 우리가 살아가고 있는 사회에도 법이 존재한다. 다음의 헌법을 읽고 상앙의 법과 우리 헌법의 차이점에 대해 생각해보자.

- 대한민국의 주권은 국민에게 있고 모든 권력은 국민으로부터 나온다.

  – 대한민국 헌법 제1조

- 모든 국민은 인간으로서의 존엄과 가치를 가지며, 행복을 추구할 권리를 가진다. 국가는 개인이 가지는 불가침의 기본적 인권을 확인하고 이를 보장할 의무를 진다.

  – 대한민국 헌법 제10조

중국을 최초로 통일하고 처음으로 황제라는 칭호를 사용한 그를 우리는 '시황
제'라 부른다. 그에게 따라다니는 처음이라는 단어는 참으로 많다. 처음으로
중국 전역을 상대로 중앙관제를 갖추었으며, 황제 전용 도로인 치도를 만들고
민심을 살피기 위해 순행을 다녔다. 화폐와 문자를 통일하여 중국이 분열과 통
합을 반복하면서도 현재까지 하나의 나라로 이어질 수 있는 기반을 마련하기
도 했다. 또한 세상 어디에도 존재하지 않는 불로초를 구하려 엄청난 돈을 탕
진하고 '분서갱유(焚書坑儒)'라는 사건을 저지르기도 했다. 이렇게 시황제의
행위는 위대한 군주와 폭군 사이를 헤맨다.
우리는 시황제를 어떻게 평가해야 할까?

제2장

기원전 221, 중국을 최초로 통일한 진 시황

01

시황제의 업적을 논하라

중국 전역을 통일한 진나라 왕 정은 신하들에게 이런 명을 내린다.

"과인은 보잘것없지만 조상의 보살핌을 받아 천하를 통일했다. 이제 그전 제후국이 사용했던 호칭은 적합하지 않으니 공적에 맞게 후세에 전해질 호칭을 논의하라."

'삼황오제(三皇五帝)'의 능력을 고루 갖춘 자, '황제'라 칭하라

신하들이 의논하기를 고대의 삼황인 천황·지황·태황 중 가장 존귀한 태황을 선택하여 '태' 자를 없애고 '황' 자만 남긴 후, 상고 시대의 '제' 자를 호칭으로 받아들여 '황제'라 칭하기로 하였다. 진왕 정은 '처음 시(始)' 자를 사용해 스스로를 제1대 황제인 '시황제'라 칭했다. 그리고 후세부터는 수를 세어 이세, 삼세로 이어져 만세에 이르기까지 대대손손 지속하게 하였다.

하지만 안타깝게도 만세까지 잇고 싶었던 그의 바람은 삼대로 끝을 맺고 통일한 지 16년 만에 멸망하여 시황제라는 칭호가 무색해지고 말았다. 그는 황제란 칭호를 택하면서 시호(죽고 난 후 생전의 업적을 평가하여 붙여주는 칭호)는 폐지했다. 자식이나 신하가 군주를 평가하는 것은 바람직하지 않다는 이유 때문이었다.

이렇게 진나라 이후 이어진 한·위진 남북조·수·당·송·원·명·청나라에 이르기까지 '황제'라는 호칭은 계속 사용되었으니 이 또한 시황제의 업적 중 하나라 할 것이다.

전국을 효율적으로 지배하라

진나라의 승상인 왕관(王綰)은 시황제에게 건의했다.

"멸망한 연·제·초나라 땅에 왕을 두지 않으면 거리가 너무 멀어 그 지역을 제압하기 힘드옵니다. 자제들을 그 지역의 왕으로 봉하소서."

즉 정복한 땅에 자식들을 제후로 세워 주나라의 봉건제로 넓어진 땅을 다스리자는 말이었다. 이 의견에 모든 신하가 찬성했다. 그런데 유독 정위 직책을 맡은 이사만이 반대했으니 이유인즉슨 이렇다. 주나라의 봉건제는 이미 제후로 임명된 자제들이 배신하여 주나라를 멸망시킨 실패한 제도니 다시 사용하는 것은 이롭지 않다는 것이었다.

이에 진 시황은 이사의 말에 공감하며 다음과 같이 일렀다.

"세상이 온통 전쟁의 혼란 속에 있는 것은 제후들 때문이다. 지금 막 천하가 평정되었는데 다시 제후국을 두는 것은 옳지 않도다."

그리하여 머리를 모아 마련한 방안이 '군현제'다. 전국에 36개 군을 설치하고 그 밑에 현을 두어 관리를 파견하는 통치 제도이다. 물론 살벌한 전국 시대가 한창일 때 상앙이 군현제를 시행한 적이 있긴 했으나, 중국 전역을 상대로 확대하여 시행한 것은 시황제가 처음이었다. 이로써 중앙집권 체제가 갖추어지고 왕권이 더욱 강력해졌다.

한편 시황제는 넓어진 영토를 효율적으로 다스리기 위해선 중앙과 전국을 연결하는 길이 필요함을 절실하게 느꼈다. 진나라는 전국을 통일한 다음 해인 기원전 220년 수도인 셴양을 중심으로 도로를 건설했다. 그리고 이 길을 달릴 수 있는 넓은 길이라는 의미로 '치도(馳道)'라 불렀다. 한반도의 역사 중 남북국 시대 북쪽에서 위세를 떨치던 발해 역시 발해와 당나라·거란·신라·일본으로 통행할 수 있는 길을 닦았다. 그 길을 통해 비약적인 발전을 이루었다. 이처럼 길은 보행 수단을 넘어 문화·경제 교류를 위한 중요한 수단이기도 하다.

그러나 『사기』에는 '치도를 닦았다'고만 언급되어 있을 뿐 자세한 설명은 없다. 그러나 『한서』에 치도에 관해 도로의 폭이 50보(약 67.5미터)이고 3장(약 7미터) 간격으로 소나무를 심었다고 기록하고 있다. 아마도 이 길의 폭은 수레의 바퀴 폭을 고려하여 만들어졌을 것이다.

한편 이 시기의 교통 법규가 적힌 죽간이 후베이성 윈멍현의 한 묘에서 발견되었다. 치도는 3차선 도로이고, 중앙의 길은 황제 전용 도로기에 일반인들은 다닐 수 없었으며, 만약 위반할 경우 유형(멀리 귀양을 가는 벌)을 받고 말과 마차를 몰수한다는 처벌에 관한 내용도 적혀 있었다.

이런 기록으로 보아 지금은 흔적을 찾기 어렵지만 치도는 실제로 사용했던 도로였음을 알 수 있다. 이 밖에도 이 길은 시황제의 순행에 이용되었고 각 군의 문화·경제 교류에도 적극적으로 활용되었다. 치도는 나라를 지키며 전국을 효율적으로 다스리고 황제의 힘이 각 군현에 고루 미칠 수 있도록 한 통치 제도의 기본이었다 할 수 있다.

문자, 화폐 그리고 도량형을 통일하라

전국을 효율적으로 다스리기 위해서는 외적인 요소와 내적인 요소 모두 필요하다. '군현제'와 '치도'는 외적인 요소이다. 그럼 내적인 요소에는 무엇이 있었을까? 그것은 점령한 영토의 백성이 '우리는 하나'라고 느낄 수 있도록 정서적 통일감을 주는 것이었다.

춘추전국 시대에 각각의 나라는 서로 다른 문자를 사용했다. 문자가 다르면 서로 소통하고, 학문을 교류하고, 인재를 등용하는 데 한계가 있었다. 그래서 시황제는 각 지역에서 사용하고 있던 문자를 금지하고, 기존에 사용하던 갑골문이나 금석문을 참고하여 새로 통일된 서체를 만들었다. 이것이 '소전체(小篆體)'이다.

그리고 경제를 위한 통합 정책도 시도했는데, 화폐와 도량형의 통일이 그것이다. 화폐 역시 지역마다 서로 다르게 사용했기 때문에 물건을 사고팔 때 상당히 혼란스러웠다. 이에 '반량전(半

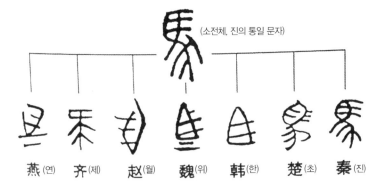

(소전체, 진의 통일 문자)

燕 (연) 齐 (제) 赵 (월) 魏 (위) 韩 (한) 楚 (초) 秦 (진)

- **춘추전국 시대의 다양한 한자체와 소전체**
  춘추전국 시대에는 각 나라가 서로 다른 문자를 사용해 학문 교류나 인재 등용에 한계가 있었다. 이에 시황제는 새롭게 통일된 서체를 만들게 한다.

兩錢)'이라는 화폐로 통일하여 사용하게 했다.

또한 시장에서 물건을 거래할 때 중요한 것은 물건의 길이나 양을 재는 단위이다. 그런데 각 지역의 기준이 모두 달라 장터에서 시비가 끊이지 않았다. 도량형의 '도'는 길이를 정하는 단위이고, '량'은 용량을 정하는 단위이다. 그리고 '형'은 무게를 정하는 단위이다. 이것을 통일하자 거래는 더 쉬워졌다. 또한 들쑥날쑥한 수레의 바퀴 폭을 통일하자 도로도 더 이상 망가지지 않았다. 이제 마음놓고 치도를 누비며 상거래를 할 수 있게 된 것이다.

조선 후기 실학자로 분류되는 박제가와 박지원은 사신을 따라 청나라에 갔다가 수레에 짐을 싣고 넓은 도로를 다니는 청나

- **반량전**

  반량전은 경제를 통합하기 위한 정책으로 진 시황이 만든 통일 화폐이다. 이전에는 나라마다 각기 다른 화폐를 사용했기 때문에 물건을 사고팔 때마다 혼란스러울 수밖에 없었다.

라 사람들의 모습을 보고는 놀라움과 부러움을 금치 못했다고 한다. 조선 후기가 되어서야 수레와 도로의 중요성에 눈을 뜬 우리로서는 시황제 때부터 시작된 규격화된 수레의 역사가 놀랍고 씁쓸할 따름이다.

황제의 권위가 드러나도록 궁궐을 크게 짓고 성을 길게 쌓아라

위성사진에서도 선명히 보인다는 중국의 상징인 만리장성 역시 시황제의 업적이다. 그러나 시황제가 만리장성을 처음부터 끝까지 완성한 것은 아니다. 장성이 처음 세워진 것은 전국 시대부터였다. 중국 북쪽에 위치한 나라들이 흉노의 침입을 막기 위해 처음 세우기 시작했는데 나라별로 필요에 의해 만들었기 때문에 성은 제각각이었다. 그런 것을 시황제 때 부서진 곳은 다시 쌓고 끊어진 곳은 새로 연결했다. 그러면 시황제는 전국을 통일하고도 왜 만리장성을 쌓는 데 공을 들였을까?

허난이라고 불리는 황허강 아래쪽에는 넓은 목초지가 펼쳐져 있다. 그곳에서 유목 생활을 하는 흉노족은 중국 입장에서는 늘 골치 아픈 존재였다. '흉노(匈奴)'라는 단어는 '흉악한 노비'라는 뜻으로 흉노족과 중국의 대립은 기원전 4세기로 거슬러 올라간다.

'천고마비의 계절'이란 말은 우리에게 가을의 넉넉함과 고즈넉함을 떠올리게 한다. 그런데 '하늘은 높고 말은 살찐다'는 이 말은 원래 두려움에서 나온 말이라고 『한서』에 기록되어 있다. 가을이 되면 유목민인 흉노족의 말에 살이 올라 힘이 넘쳤고, 흉노족들은 이 힘 좋은 말을 타고 중국 북방 지역을 들쑤셔놓곤 했다. 춘추전국 시대 중국의 북방에 침입한 흉노족은 살인과 약탈을 일삼았으며, 흉노족과 국경을 접하고 있던 진나라·조나라·연나라 등은 이러한 흉노족의 침입을 막기 위해 동분서주해야 했다.

그런데 진나라가 중국을 통일하자 흉노족은 위기에 처한다. 점술가에게 "호(胡)가 진나라를 망하게 할 것이다"라는 점괘를 들은 시황제는 '호'를 오랑캐, 즉 흉노족으로 해석하여 대대적인 공격을 감행했기 때문이다(여기서 점술가가 말한 '호'를 시황제의 아들인 호해胡亥라고 해석하여 진나라의 멸망을 내부 붕괴로 해석하는 견해도 있다). 중국을 통일한 진나라의 30만 대군은 순식간에 흉노족을 북방으로 몰아내버렸다. 그리고 그곳에 성을 쌓았으니 그 성이 만리장성이다.

『사기』의 「몽염열전」에 만리장성에 대한 기록으로는 린타오에서 랴오둥까지 만여 리(당시 척도로 1만 리는 약 5,000킬로미터)라고 되어 있다. 이는 실제로는 3,000킬로미터가 안 되는 거리지만 곡선으로 구불구불 구부러져 있는 것을 고려한 것이라고 추측된다.

오랑캐가 진을 멸망시킬 것이라는 예언 때문에 흉노를 물리칠 전쟁을 준비하고 만리장성을 쌓게 된 것이다. 하지만 실제로 백성들은 전쟁에 나가는 군사로, 성을 쌓는 인부로 동원되는 바람에 농사조차 제대로 짓기 힘들었다. 아픈 사람은 길거리에 버려졌으며, 죽은 사람은 매장할 수도 없는 지경에 이르렀으니 백성의 삶은 비참해졌다. 그랬기에 맹강녀의 전설(성을 쌓으러 동원된 남편을 찾아왔지만 남편이 이미 죽어 무너진 성 밑에서 시체를 찾아 통곡했다는 이야기)처럼 만리장성 축조 과정에서 고통 받았던 백성의 이야기가 전해지기도 한다.

진나라 멸망에 영향을 준 진승과 오광의 난도 결국 만리장성을 쌓으러 교대하러 가던 이들이 교대 날짜를 맞추지 못해 일어

• **맹강녀**
맹강녀의 전설은 중국 4대 전설 중 하나이다. 맹강녀는 강제 노역에 동원된 남편의 소식이 궁금해 직접
찾아가지만 남편이 이미 죽은 것을 알고는 상심하여 자결한다. 산하이관 인근 정상에 그녀를 기리는 묘
와 사당이 있다.

났다는 것이다. 이를 참작하면, 결국 호로 인해 진나라가 멸망할
것이라는 점괘는 호의 직접적인 침략이 아닌 호를 대비하기 위
해 쌓은 성에 의해서였다는 점에서 족집게 같은 점괘였다.

통일 후 7년이 지난 시점(기원전 214)부터 시작된 만리장성 공사
는 진 통치기 동안 기껏해야 7년 정도 이어졌다. 이 기간에 6,000킬
로미터에 달하는 만리장성을 새로 쌓았다는 것은 불가능하다.

• **만리장성**
인공위성에서도 보인다는 만리장성은 총 길이가 6,000킬로미터에 달한다. 전국 시대 때부터 흉노를
막기 위해 짓기 시작해 부서지고 끊어졌던 것을 시황제가 연결시켰다.

진나라가 멸망한 후에도 흉노족의 침입은 계속되었고, 그때마
다 성을 보수하고 다시 쌓는 일이 반복됐다. 그중에서도 공사를
가장 대대적으로 벌인 나라는 명나라이다. 북방 민족인 몽골족
의 나라인 원나라를 위로 몰아내고 중국을 차지한 명나라는 끊
임없이 몽골족의 위협을 받아야 했다. 그래서 성을 쌓고 보수하
는 일에 더 많은 노력을 기울였다. 만리장성의 지금 모습은 명나
라 때 갖춰졌다고 하니 2,000년 가까운 세월을 거쳐 만들어낸 피
와 땀의 결실이라 할 수 있겠다.

기원전 212년, 시황제는 도로를 만들기 시작했는데 도로가 완

• **아방궁**

아방궁은 시황제가 기원전 212년에 세운 궁전 이름으로 규모가 어마어마하게 컸다. 기원전 207년 항우가 불태워 없애버렸다. 지금은 지나치게 크고 화려한 집을 뜻하는 말로 쓰인다.

성되자 셴양에 있는 이전의 궁이 작게 느껴졌다. 그래서 궁궐을 새로 짓기 위해 아방에 터를 닦았다. 그런데 그 크기가 동서로 500걸음, 남북으로 15킬로미터에 이르렀다고 하니 실로 어마어마한 크기가 아닐 수 없었다. 궁은 이세황제(재위: 기원전 210~기원전 207)인 호해가 즉위한 후에도 계속 지었으나 결국 완성하지 못했다. 그리고 안타깝게도 기원전 207년 셴양을 함락한 항우가 이 미완의 궁궐을 모두 불태워버렸다. 이 궁은 따로 이름도 없이 그냥 아방궁(阿房宮)이라고 불렀다.

02

다 태우고 다 묻어라

통일 후 진나라에는 유가와 법가 사상이 양대 산맥을 형성하고 있었다. 법을 엄격하게 시행하는 나라였기에 유학자들은 권력과는 멀리 떨어져 있었다. 하지만 이들은 늘 군주의 곁에서 어짊과 신의에 대해 가르치고, 군주의 공덕을 칭송하며 군주의 심신을 안정시키는 역할을 했다. 시황제는 이들에게 제사와 교육을 담당하는 박사라는 관직과 많은 녹봉을 주며 늘 곁에 두었다. 각 학파의 학자들이 박사에 소속되어 있었는데 주로 법가·유가·도가가 주를 이루었다.

옛것을 그리워하는 것도 죄이니라

기원전 213년, 셴양궁에서 박사 70명이 시황제의 장수를 기원하는 잔치를 벌였다. 이때 제나라 사람인 박사 순우월이 아뢰기를,

"상나라와 주나라가 천 년의 역사를 누릴 수 있었던 것은 자제나 공신을 제후로 봉하여 왕실을 받들게 했기 때문입니다. 그런데 폐하는 지금 천하를 얻으셨지만 아드님들을 제후로 봉하지 않아 모두 평민이나 마찬가지입니다. 그러하니 나라가 위험에 처해도 달려와 구해줄 사람이 없습니다. 옛것을 거울삼아 정사를 돌보지 않으신다면 어느 신하가 어려움에 처한 나라를 구하러 나서겠습니까? 지금 폐하 곁에 있는 신하들은 아첨만 하며 폐하를 바르게 모시지 않으니 이들을 어찌 충신이라 할 수 있겠사옵니까?"

이것은 대놓고 옛것을 따르자는 유가 사상을 얘기한 것으로 진나라의 건국 이념인 법가 사상에 어긋나는 말이었다. 이때 승상 이사가 바로 반격에 나섰다.

"옛날에는 세상이 어지러워도 천하를 통일할 만한 인물이 없었기

에 제후들이 들고일어났던 것입니다. 그들은 모두 과거에 집착하고 자신이 배운 것만을 최고라 여기며 왕이 정한 법을 무시하려 했습니다. 지금 폐하께서 천하를 통일하고 법률을 정하여 옳고 그름을 판단하고 계심에도 사사로운 학문을 하는 자들은 서로 모여 폐하의 법률과 제도를 비난하기에만 급급하니 이 어찌 불경한 일이라 하지 않을 수 있겠사옵니까? 이와 같은 상황을 막지 않으면 위로는 폐하의 권위가 떨어지고 아래로는 당파가 생길 것이옵니다.

청하옵건대 개인적으로 가지고 있는 모든 문학과『시경』과『서경』, 백가의 책을 모두 불태우라 명하시고 명을 내린 지 30일이 지나도 시행하지 않는 자들은 이마에 먹물을 새기는 형벌을 주시고 장성을 쌓는 곳으로 보내시옵소서.

다만 의학·점서·농학에 관한 책은 태우지 말고, 이를 배우려는 자가 있으면 관리를 스승으로 삼아 배우게 하옵소서.”

시황제는 이사의 말에 공감했고 형벌은 가혹했다. 두 사람 이상이 모여 유가에 관한 책에 대해 이야기만 해도 모두 처벌 대상이 되었다. 옛날이 좋았고 지금은 잘못되었다는 말을 하는 이가 발각되면 집안 전체가 몰살당했다. 단 궁궐에는 박사들이 연구할 수 있는 유가에 관한 책을 남겨두었지만 다른 곳에 있던 책은 불길을 피할 수 없었다.

이러한 사태는 유학자들에게는 대단히 유감스러운 일이었지만 박사들의 연구만은 허락되었기 때문에 까무러칠 만큼 비관적인 일은 아니었다. 그러나 절망적인 상황은 오히려 그 후에 벌어졌다. 진나라 멸망 시 셴양을 점령한 항우가 궁에 불을 질렀고 이 때문에 궁에 보관되어 있던 유가에 대한 책과 기타 학파의 책이 모두 잿더미로 변하고 말았다. '분서' 사건에 관한 전모는 이리된 것이었다. 그러니 분서의 책임을 몽땅 시황제에게만 돌리는 건 그의 입장에서 보면 조금은 억울한 측면이 있어 보인다.

이러한 분서 사건은 시황제의 유가 탄압 사건으로 시황제를 폭군으로 평가하는 데 중요한 근거가 되었다. 하지만 이사가 분서 사건으로 취하고자 한 원래의 목적은 옛것을 본받자면서 지금의 현실을 비판하는 학자들의 입을 닫게 하는 데 있었다는 견해도 있다. 앞으로 흉노와 치러내야 할 대외 전쟁에 대한 반대여론을 미리 차단하기 위함이었던 것이다.

방사를 원망하며 묻힌 유학자들

분서 사건으로 시황제가 유가에 관한 책을 불태우기는 했지만

- **분서갱유**

  시황제는 학자들의 정치적 비판을 막기 위해 의학·점서·농학에 관한 책을 제외하고는 전부 불태워 없
  애버렸다. 이듬해 수많은 유생도 함께 구덩이에 묻어 죽였다.

그 목적은 옛것을 따르는 사상을 차단하자는 것이었기에 박사들
의 직위와 연구는 인정해주었다. 그러나 그 이듬해 분서 사건보
다 더 잔인한 일이 벌어졌다. 바로 460명이나 되는 학자를 생매

장시킨 '갱유' 사건이다.

시황제는 불로불사(늙지 않고 죽지 않는 것)에 관심이 많았다. 이것과 관계된 일을 하는 사람을 '방사(方士)'라 불렀는데, 이들의 주된 업무는 점을 치고 도술을 부리며 신선과 불로초를 찾아다니는 것이었다. 한편 도술이 신통치 않은 방사인 노생과 후생은 잇따른 거짓말로 시황제의 신임을 잃고 결국엔 목숨까지 위태로운 상황을 맞게 된다. 이들은 야반도주를 결심하고 진나라를 탈출하면서 시황제에 대해 온갖 악담을 퍼부어댔다.

"시황제는 교만하고 살인을 즐기며 자신의 과오를 인정하지 못하는 사람이오. 자기 수하만 총애하고 70명이나 되는 박사들은 그야말로 허수아비 취급하고 있소. 이들은 녹봉만 받을 뿐 나라의 중대사에 관여하지 못하고 있소. 그런데도 신하들은 자리를 잃을까 두려워 충성은 하지 않고 아부만 하고 있소. 게다가 황제는 방사들이 신통치 않다고 판단하면 모두 죽여버리니 누가 그런 이에게 불로장생의 선약을 바치겠소?"

이 말이 시황제의 귀에 들어갔고 그는 크게 분노했다. 시황제는 셴양에 있는 유생을 모두 체포하여 평소에 자신을 비판하는 말을 했는지 조사했다. 그리고 혐의가 확실한 유생 460명을 모두 구덩이에 파묻어버렸다. 460명 중에는 방사도 있었지만 옛것을 숭상한다는 죄명까지 추가시켰기 때문에 결국엔 많은 수의 유학자가 변을 당했다.

이 '분서'와 '갱유' 사건으로 시황제에 대한 유학자들의 감정이 좋을 수 없었다. 그렇기 때문에 이후 유학자들이 권력의 중심부에 있었던 2,000여 년 동안 시황제에 대한 공정한 평가가 이루어졌을지는 의심의 여지가 있다. 분명한 것은 '분서갱유' 사건이 시황제의 업적보다는 과오를 훨씬 강조하고 싶어하는 이들에게 아주 훌륭한 근거가 되었다는 사실이다.

03

짐을 영원히 살게 해주는 자,
천금을 내리리니

진 시황의 업적을 깎아내리는 또 하나의 과오는 바로 그가 늙지 않고 영원히 살고픈 욕심을 품었다는 것이다. 그것도 아주 강하게 말이다.

분서갱유 사건이 벌어지기 이전, 법가와 유가가 큰 흐름을 형성하고 있을 때 불로장생을 꿈꾼 시황제는 불로초를 구하기 위해 곳곳에 방사를 보내느라 많은 돈을 탕진했고 그 때문에 비웃음거리가 되었다. 방사란 신선처럼 도술을 부리는 사람을 이르는 말이기도 하다.

이러한 시황제의 관심 덕분에 원래 사상보다 왜곡되긴 했지만 도가가 명맥을 유지할 수 있었다. 갱유의 원인이 되었던 후생과 노생 역시 방사였고, 유명한 서복(서불) 역시 방사 중 한 사람이었다. 방사에 대한 내용은 사마천의 『사기』에 여러 차례 나온다.

다 퍼주고도 얻지 못한 불로초

시황제는 통일 제국을 건설하고 2년이 지난 기원전 219년 전국을 순시하고 금석문을 새겨 자신의 공덕을 기록하기에 여념이 없었다. 그때 제나라 사람인 서복이 글을 올린다.

"바닷속에는 봉래산·방장산·영주산이라고 하는 세 개의 산이 있습니다. 그곳에 신선이 살고 있으니 몸을 깨끗이 하고 어린 남녀와 함께 신선을 찾으소서."

이 글을 보고 시황제는 서복과 어린 남녀 수천 명을 보내 바다로 들어가 신선을 찾게 했다. 과연 서복은 신선을 찾았을까? 예상했듯이 그는 빈손으로 돌아와 이렇게 말한다.

"소신이 바다에서 신을 만났사온데 그 신이 말하기를 수명을 연장시키는 약을 얻으려면 더욱 예를 갖춰야 할 것이며, 그 예물로

• **서불과지**

서복(서불)은 진나라 때의 방사이다. 진 시황의 불로장생을 위해 불로초를 구하러 제주도에 다녀갔다. 그가 서귀포 앞 암석에 '서복이 이곳을 지나갔다(徐市過之)'라는 문구를 새겼다고 전한다.

는 좋은 집안의 남녀 아이와 뛰어난 장인이 만든 물건이 적당하다고 하였습니다."

그 말을 들은 시황제는 크게 기뻐하며 남녀 아이 3,000명과 오곡의 씨앗, 그리고 여러 장인이 만든 물건들을 예물로 주었다. 하지만 서복은 이것들을 챙겨 떠나서 다시는 돌아오지 않았다. 서복이 못 돌아왔는지 안 돌아왔는지는 모르겠지만, 그와 관련된 재미난 이야기는 그의 목적지였던 한국과 일본에서도 전해지고 있다. 서복이 제주도에서 불로초라 여긴 영지버섯을 구해 돌아갔는데 서복이 서쪽으로 돌아간 포구라는 뜻으로 '서귀포'라는 지명이 탄생했다는 이야기도 그중 하나이다.

이 밖에도 불로초를 찾아 떠난 그의 행적은 한국과 일본에 남아있는 지명이나 서복을 기념하는 사당을 통해 더러 추측하기도 한다. 아무튼 이렇게 방사의 술수에 번번이 속으면서도 시황제는 불로장생에 대한 꿈을 포기하지 않았다.

속인 자의 잘못인가? 속은 자의 분노인가?

그 후에도 시황제는 한종·후공·석생을 시켜 영원히 죽지 않고 살 수 있는 신선초를 찾으려 했다. 그러나 어디에도 그를 흡족하게 해준 이가 없었다. 방사들은 애초부터 구할 수 없었던 물건이었음에도 말도 안 되는 말로 시황제를 속이고 책임을 지지 않기 위해 거짓말을 서슴지 않았다. 노생은 시황제를 설득하기 위해 이렇게 말한다.

"소신들이 선약과 신선을 찾아 헤맸으나 늘 만나지 못하고 있습니다. 이것을 방해하는 무리가 있기 때문입니다. 그러니 황제께서

신분과 머물고 계신 곳을 숨기시면 선약을 얻을 수 있을 것이옵
니다."

이 말에 시황제는 자신의 거처를 비밀로 했고 순행 중에도 자
신이 머무는 곳을 입 밖에 내는 자가 있으면 사형에 처했다. 그러
자 그 이후부터는 행차 중에 시황제가 어디에 머무는지 대부분
의 신하가 알지 못하게 되었다. 상황이 이러했기에 순행 중에 갑
자기 사망한 시황제의 죽음을 한동안 숨기는 일도 가능했다.

아무튼 다음 발언에서 방사들에 대한 시황제의 노여움을 느낄
수 있을 것이다.

"짐이 박사들을 곁에 두고 유학과 방술을 연구하게 한 것은 태평
성대를 위한 것이었으며 방사를 믿고 그 말에 따른 것은 선약을
구하기 위함이었다. 하지만 한종은 불로초를 구하러 떠난 후 보고
도 하지 않았고, 서복은 해달라는 것을 다해줬음에도 불로초는 구
하지 못하고 자신의 이익만 챙겼으니 그를 벌하라는 상소가 빗발
치고 있다. 짐이 노생을 믿고 많은 재물을 내렸거늘 나를 헐뜯고
내 등에 칼을 꽂다니 짐이 어찌 이자들을 용서할 수 있단 말이냐."

참고 참았던 방사들을 향한 시황제의 분노가 결국 폭발했고 그 불똥은 애꿎게도 유학자들에게로 튀었다. 결과는 앞에서 설명했듯이 갱유 사건으로 이어졌다.

이런 시황제의 눈물 어린 노력에도 불로장생에 대한 허황된 욕심은 실현되지 못했다. 그는 순행 중 객사했고 아무도 모르게 유서가 위조되어 결국 나라가 멸망하는 지경까지 이르렀으니, 참으로 권력 무상이며 탐욕의 끝은 씁쓸하기만 하다.

04

순행에 빠져 객사한 시황제

시황제는 중국을 통일한 바로 다음 해부터 순행을 시작해 10년 간 총 다섯 차례 순행 길에 오른다. 제4차 순행을 마친 5년 뒤, 흉노·백월과 치른 대외 전쟁을 마무리한 시황제는 기원전 210년 드디어 마지막 제5차 순행을 떠나게 된다. 마지막 순행을 떠나기 전 시황제의 죽음을 예견하는 여러 징조가 꼬리에 꼬리를 물었다. 불안한 시황제는 '여행하거나 이사하는 것이 좋다'는 점괘를 듣고 순행을 결심했다. 나라를 다스려야 할 황제로서 1년에 걸쳐 전국을 돌았던 마지막 순행은 시황제에게 뭔가 특별한 사연이 있었던 것은 아니었을까?

길에서 천자를 볼 수 있는 행운, 순행

'순행(巡幸)'이란 황제가 제국을 통치하기 위해 각 지방을 돌아보는 행위를 말하는데 '순수(巡狩)'라고도 부른다. 순수라는 말은 우리에게도 익숙하다. 신라의 전성기였던 6세기에 진흥왕(재위: 540~576)이 영토를 확장하고 전국을 돌아보며 순수비를 세웠다는 기록이 있는데 마운령비·황초령비·북한산비·창녕비로 불리는 4개의 진흥왕 순수비가 그것이다. 진흥왕 역시 자신이 차지한 영토를 돌아보며 비석을 세우고 순수비라고 이름 지었다.

『사기』 「효문본기」의 기록을 보면, 순행의 '행(幸)' 자에 왜 한자로 '행복할 행' 자를 붙였는지 추측할 수 있을 것이다.

"효문제(재위: 471~499) 3년에 황제께서 처음 감천궁에 행차하셨는데 천자가 지나가면 백성은 이를 뜻밖의 행운이라 생각하여 '행(幸)'이라 했으며, 이때 천자는 백성과 관리를 친히 만나 음식이나 비단 등을 하사했다."

또한 순행은 지방을 돌아다니면서 백성을 구휼하고 돌보는 활동이라는 의미도 포함되어 있다.

진 시황의 순행은 말이 달릴 수 있는 넓은 도로인 치도가 만들어지고 나서야 이루어졌는데, 이 치도는 그의 순행을 위한 도로였다 해도 과언이 아닐 것이다. 마차 세 대가 달릴 수 있는 넓은 도로에 가로수로 소나무와 측백나무가 7미터 간격으로 심겨 있었으니 그 경치 또한 얼마나 아름다웠을지 짐작이 간다.

그렇다면 시황제가 이렇게 순행에 열중했던 이유는 무엇이었을까? 일반적으로 순행의 목적은 지방 민심을 파악하고 군주의 권위를 알리는 것이다. 이와 같은 사실은 순행 중 각지에 세웠던 비석의 비문에서 찾아볼 수 있다. 다음은 기원전 219년 동쪽을 순행하던 중 세운 양보산 비석의 내용 중 일부이다.

황제께서 재위에 오르시어 제도를 만들고 법을 밝히시니 신하들은 몸을 닦고 근신했다. [즉위] 26년에 처음으로 천하를 통일하시니 복종하지 않은 자가 없었다. 몸소 먼 곳의 백성까지 순행하시다가 태산에 올라 동쪽 끝까지 두루 바라보셨다. 따라온 신하가 그 공적을 기리고 사업의 근원을 생각하며 공덕을 기리며 찬양했다.

치국의 도가 행해지자 천하의 모든 일이 마땅함을 얻고 모두 법식이 있게 되었다. 큰 뜻이 아름답게 밝혀져 후세에 드리우니 순조롭게 변함없이 계승되리라. 황제께서 몸소 성덕을 베푸셔서 이미 천하를 평정하고 다스림을 게을리하지 않으시도다. 아침 일찍 일어나 밤늦게 주무시면서 천하를 이롭게 할 원대한 계획을 세우시고, 가르치는 일과 깨우치는 일에 전념하셨다.

경전의 통달한 이치를 가르치시니 가까운 곳이나 먼 곳이나 전부 다스려져 성스러운 뜻을 모두 받들었다. 귀함과 천함이 분명하게 나뉘고, 남자와 여자는 예의에 따랐으며, 성실히 직분을 받들었다. 안과 바깥이 뚜렷이 구분되고 깨끗하지 않음이 없으니 후세에까지 [가르침이] 베풀어지리라. 교화가 미치는 것이 무궁하니 황제의 유조를 받들어 중요한 훈계를 영원히 이어갈 것이다.

– 『사기본기』, 「진시황본기」

이 비문에서 알 수 있듯이 시황제는 통일에 대한 정당성·자신의 공덕·백성에게 바라는 점·앞으로의 포부 등을 순행을 통해 곳곳에 알리고 싶어했던 것 같다. 물론 천자로서 정통성을 확보하고 싶었기에 순행 중 하늘에 제사를 지내는 의식 역시 꼭 실행했고, 여기에 신선과 선약을 찾고자 했던 개인적인 이유도 더해졌을 것이다. 이처럼 시황제에게 순행은 백성을 다스리는 군주로서, 하늘로부터 인정받은 천자로서, 또 영원히 살고 싶은 신선으로서 소망했던 모든 것에 이르는 통로였다.

짐은 죽어도 눈을 못 감으니

그렇다면 순행에는 긍정적인 효과만 있었을까? 시황제의 순행 행렬 규모는 크고 화려했다. 80대의 마차마다 13명~15명의 호위병사가 따랐으니 순행에 동행된 인원만 해도 어림잡아 1,200명~1,500명 정도라는 계산이 나온다.

한편 이런 엄청난 규모의 행렬은 멸망한 옛 나라들을 거쳤다. 이 행렬을 보는 나라 잃은 백성들의 맘은 편치 않았을 것이다. 한 나라의 귀족이었던 장양(후에 유방의 책사가 됨)이 이 행렬에 철퇴를 던져 시황제를 암살하려 했고, 옛 초나라 땅을 지나는 행렬을 바라보며 복수를 다짐했다는 초나라 장수 항우를 보더라도 순행은 특히 멸망한 나라의 옛 귀족들을 자극하는 행사였음을 짐작할 수 있다.

한편 누가 뭐래도 순행과 관련된 이야기 중 가장 압권은 시황제의 죽음에 관한 것이다. 시황제는 다섯 번째 순행 길을 떠났다가 갑자기 병으로 목숨을 잃게 되고, 그 후 진나라는 멸망의 나락으로 떨어지게 된다.

시황제가 즉위한 지 37년째인 기원전 210년 10월, 이번 순행 길은 회계 땅을 돌아보고 바닷길을 통해 북쪽 낭야(琅邪: 지금의 산둥성 동남부)에 이를 예정이었다. 이때 진 시황은 승상 이사·환관

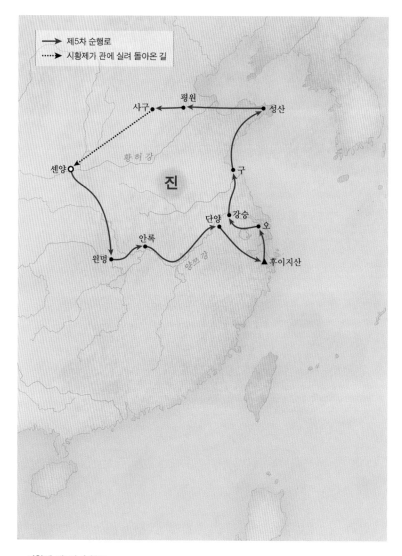

- **시황제 제5차 순행로**

  시황제는 다섯 번째 순행 길을 떠났다가 사구에서 갑자기 병에 걸려 객사한다. 그 뒤 시황제의 유서가 조작되고, 진나라는 멸망의 나락으로 떨어지게 된다.

조고·막내아들 호해와 동행했다.

시황제에게는 아들이 20여 명이 있었다. 그중 맏아들인 부소는 멀리 북쪽에서 몽염 장군과 함께 만리장성을 쌓는 공사에 참여하고 있었다. 부소는 아버지에게도 바른말을 서슴없이 하는 성격이라 시황제와 약간은 불편한 관계였다. 하지만 시황제의 사랑을 듬뿍 받는 막내아들 호해는 아버지를 졸라 이번 순행 길에도 함께하는 행운을 얻게 된다.

낭야로 가던 중 평원진(平原津: 지금의 산둥성 핑위안현 부근)에서 갑자기 몸져눕게 된 시황제는 사구(沙丘: 지금의 허베이성 광중현 부근)에 이르자 병세가 더욱 심해졌다. 목숨이 얼마 남지 않았다는 것을 느낀 그는 맏아들 부소에게 속히 돌아와 셴양에서 자신의 장례를 치르라는 유서를 남긴다. 그리고 이 유서는 밀봉하여 옥새와 수레를 관리하던 환관 조고에게 전해진다. 그러나 시황제는 이 유서가 사신에게 넘겨지기도 전에 숨을 거두게 되고 이때부터 진나라의 불행이 시작된다. 유서와 옥쇄 모두 조고의 손에 있었기 때문이다.

한편 승상인 이사는 황제가 외지에서 숨을 거둔 사실이 알려지면 혼란스러운 상황이 벌어질까 염려해 수도인 셴양에 도착할 때까지 비밀에 부친다. 그렇기에 그의 죽음을 아는 사람은 이사·

조고·호해 그리고 대여섯 명의 환관이 전부였다.

이 대목에서 조고의 마음은 요동치기 시작했다. 조고는 예전에 호해를 가르쳤던 스승이었기에 호해를 아끼는 마음이 컸다. 시황제는 큰아들인 부소에게 유서를 남겼기 때문에 유서를 받은 부소가 셴양에 돌아오면 장례를 치르고 후계자가 되어 황제에 오를 것이었다. 하지만 조고는 호해를 후계자로 만들고 싶었다. 그것이 자신에게도 이롭다고 판단했기 때문이다. 그는 먼저 호해를 설득했다. 하지만 호해가 머뭇거리자 이렇게 말한다.

"남을 신하로 삼는 것과 남의 신하가 되는 것은 결코 같지 않사옵니다. 머뭇거리고 결정을 못 내리면 반드시 후회하게 됩니다. 이 기회를 놓치지 마시옵소서."

결국 호해에게 반승낙을 얻은 조고는 이번엔 이사를 찾아간다.

"부소는 성격이 강직하고 용감하여 황제 자리에 오르면 반드시 몽염 장군을 승상으로 삼을 것입니다. 제가 보아온 바로는 진나라에서 파직당한 승상이나 공신은 결국 주살당하고 말지요. 상황이 이러한데 어찌 부소가 황제의 자리에 오르는 것을 보고만 계시려

하십니까? 호해는 제가 가르쳐보니 덕이 많고 총명해 후계자로서 적격이라 생각됩니다. 부디 잘 생각해서 결정하시기 바랍니다."

한참을 서로 옥신각신했지만 결국 이사 역시 승낙하고 곧 셋이 한패가 되어 유서 내용을 조작했다. 호해를 태자로 삼고 부소는 자결하라는 내용이었다. 북쪽 변방에서 이 유서를 전해받은 부소는 아버지의 명령에 따라 순순히 자결하고 만다.

한편 시황제가 죽은 사구에서 수도까지의 거리는 650킬로미터에 달했다. 황제의 죽음을 숨기고 궁까지 가기엔 너무 먼 거리였다. 또 여름이었기에 상황은 더욱 좋지 않았다. 이사는 시체 썩는 냄새를 숨기기 위해 소금에 절인 생선까지 동원해가며 수도에 힘겹게 도착한다. 도착한 뒤에야 일행은 시황제의 죽음을 알렸다. 곧 태자 호해가 장례를 치르고 후계자가 되었으니 그가 진나라의 두 번째 황제인 이세황제이다.

시황제의 죽음은 너무나 갑작스러웠기에 죽음의 원인에 대한 이야기도 무성하다. 민간에서는 조고가 독살한 것이라는 이야기부터 고점리가 축을 던져 시황제를 죽이려 했을 때 이마에 상처를 입었고 그 때문에 암살 사건이 일어난 지 3개월 만에 순행을 돌다 돌연 사망했다는 이야기까지 많은 추측이 떠돌았다.

또한 『사기』에 따르면 시황제는 지병이 있고 허약한 체질임에도 매일 120근(7.2킬로그램)에 달하는 공문서를 읽고 친히 결정해야 하는 성격의 사람이었기에 과로와 피로에 의해 사망에 이르렀다는 해석도 있다.

그러나 시황제가 왜 죽었는지에 대한 자세한 기록이 없고 모호한 상태였기에 그의 죽음은 그렇게 전설이 되어버렸다. 현재까지도 시황제의 사인에 대한 논쟁은 병사냐 비명횡사냐를 두고 계속되고 있다.

05

짐은 죽어도 죽지 않을 것이다

시황제는 죽어서 여산(리산)에 묻혔다. 그는 왕위에 오르면서부터 여산 기슭에 자신의 묘를 만들기 시작했다. 36년이라는 긴 세월 동안 공사가 이어졌고 그가 죽은 다음 해에 드디어 완성됐다. 우리는 이 무덤을 여산릉(驪山陵) 또는 시황릉(始皇陵)이라 부른다.

시황릉 공사에 70여만 명이 동원되었다. 농구 코트 580개에 해당하는 크기의 구덩이를 파기 위함이었다. 궁전과 누각 모습으로 뼈대를 세우고, 바닥에는 수은으로 강을 만들었으며, 천장에는 진주로 반짝이는 별을 달아놓았다. 또한 궁 안을 진귀한 보물로 가득 채우고 물고기 기름으로 만든 초에 불을 켜 환하게 밝

* **여산릉**

여산릉은 진 시황의 능으로 개인 무덤으로써는 세계 최대 규모다. 사진 속 산처럼 보이는 것이 그의 능이다. 그는 재위기 동안 70여만 명을 동원해 자신이 묻힐 능을 꾸미게 했다.

혀놓았다고도 한다. 게다가 도굴을 막기 위해 자동으로 발사되는 활과 화살까지 설치했다고 하니 그 스케일과 치밀함에 혀를 내두를 정도이다. 과연 시황제다운 무덤이라 할 수 있다.

물론 이것은 기록에 불과하고 실제 눈으로는 확인할 수가 없다. 아직은 발굴할 준비가 미흡하다고 판단한 중국 정부가 완벽한 발굴 기술이 확보될 때까지 발굴을 무기한 연기했기 때문이다. 하지만 여산릉 주변의 수은 농도가 기준보다 100배나 높은 수치를 보인다거나, 투시 카메라로 봤을 때 커다란 방이 보인다고 하는 걸 보면 기록이 사실일지도 모른다는 생각이 든다. 그는 아마 죽어서도 황제의 영광을 놓치고 싶지 않았던 모양이다.

그의 무덤에 대한 놀라움은 여기서 그치지 않는다. 여산릉은 크게 도성 안·도성 밖·영묘, 이렇게 세 구역으로 구분할 수 있는데 도성 밖에 해당하는 곳에서 세계 8대 불가사의에 해당하는 거대한 유물이 발견되었다.

1974년 능에서 15킬로미터 떨어진 부근에서 우물을 파던 농부들이 땅속에서 사람의 얼굴을 발견한 것이다. 마침내 시황제의 무덤을 호위하던 8,000여 개의 도자기 병사들이 긴 잠을 깨고 세상에 모습을 드러낸 순간이었다. 이 '병마용갱(兵馬俑坑)'은 5개의 갱으로 구분되는데 3개의 갱은 발굴했지만 유물 훼손을 이유로 잠시 중단되기도 했다. 지금은 다시 발굴 작업을 진행 중이다.

병마용갱의 규모와 독창성은 세계 8대 불가사의라는 타이틀에 손색이 없을 정도라고 한다. 총면적은 약 2만여 제곱킬로미터로 추정된다. 170센티미터~180센티미터로 실제 키보다 조금 크게 느껴지는 도자기 병사가 8,000여 개나 되고, 인형들의 얼굴 모습이나 표정·귀·자세 등도 모두 다르다. 경이로울 정도로 섬세하고 독창적인 솜씨라 할 수 있다. 아마도 실제 병사의 모습을 모델로 만든 것이 아닐까 추측하고 있다. 이 밖에도 전차 130여대, 전차용 도자기 말 500여 마리, 기병용 도자기 말 116마리 등

● **병마용갱**

지난 1974년 여산릉 부근에서 진 시황의 무덤을 호위하는 병마용갱 8,000여 점이 발견되었다. 세계 8대 불가사의 중 하나로 꼽히며, 지금도 발굴이 진행되고 있다.

도 발굴된 상태이다.

시황제의 탄생에서 죽음에 이르기까지의 이야기는 온통 사실과 전설이 뒤섞여 있다. 시황제에 대한 이야기는 사마천의 『사기』 중 「진시황본기」에 그 어떤 사료보다 많이 기록되어 있다. 그러나 「진시황본기」는 사실과 전설의 혼란스러운 경계선에 있는 기본 사료이기도 하다. 왜냐하면 사마천은 시황제에 대한 각종 고사나 전설을 통일된 시각으로 정리하지 않고 다양한 관점의 이야기를 『사기』에 그대로 기록했기 때문이다. 이러한 부분

서력(기원전)	주요 내용
259	조나라의 한단에서 태어남.
246	진왕으로 즉위/여산을 만들기 시작.
227	형가의 암살 미수 사건.
221	6국 멸망시키고 전국을 통일한 후 황제라 칭함/도량형, 문자 통일.
220	제1차 순행/치도 건설.
219	제2차 순행/서복에게 어린 남녀 수천 명을 보내 선인을 구하게 함.
218	제3차 순행/양무 박랑사에서 도적에게 습격당함.
215	제4차 순행/한종·후공·석생에게 불사약을 구하게 함.
213	만리장성 건설/이사가 분서령 실행.
212	죄수 70만여 명을 동원해 아방궁과 여산릉 건설 시작/460여 명의 학자를 매장한 갱유 사건 발생.
211	운석이 떨어지고 조룡이 죽는다는 예언으로 시황제 불안에 떰.
210	제5차 순행/시황제, 사구에서 사망/시황제, 여산에 매장.

• **진 시황 주요 행적 정리**

은 우리가 『사기』를 비판적인 시각으로 읽어야 하는 이유이기도 하다.

진 시황, 그는 전국을 통일한 후 12년 동안 진 제국을 다스렸다. 처음 6년(기원전 221~기원전 216)은 순행을 통해 민심을 확인하고 자신의 제국을 안정되게 다스렸고, 그 후 6년(기원전 215~기원전 210)은 다시 전쟁을 시작하고 순행 중 죽음에 이르는 혼란스러운 시기였다. 그리고 그가 죽은 후 3년 뒤, 그의 제국은 무너졌다. 짧은 진 제국의 역사를 통해 우리는 무엇을 배워야 할까? 그동안 천편일률적으로 이루어진 시황제에 대한 평가는 다양한 관점으로 재조명되고 있다.

순행과 불로초는 시황제만
좋아한 것이 아니었다

시황제의 순행과 불로초에 대한 사랑은 대단했다. 하지만 그런 사랑의 여정은 맘처럼 순탄하지만은 않았다. 수많은 돈을 탕진했지만 불로초는 결국 얻지 못했고, 마지막 순행은 자신의 주검이 생선 썩는 악취와 뒤섞인 채 궁으로 돌아와야 했던 비극적인 길이 되었다.

그런데 재미있는 것은 이런 순행과 불로초에 대한 사랑이 시황제만의 전유물은 아니었다는 것이다. 시황제가 죽고 한 세기후에 똑같이 길을 나서고 불로초를 찾았던 사람이 있었다. 바로 한나라의 전성시대를 이끌고 중국인에게 가장 사랑받은 한 무제가 바로 그 주인공이다. 그는 54년 재위기 동안 무려 30여 차례나 순행에 나섰으며, 방방곡곡 불로초를 찾아 헤매느라 돈도 잃고 인심까지 잃었다.

그런데 가만히 살펴보면 중국 역사상 가장 강력한 권력을 가졌던 두 황제는 자신의 업적이 가장 찬란할 때 비슷한 행동을 보였다. 그들은 왜 이런 행동을 했을까?

　아마도 가장 통치를 잘했던 군주가 역사서를 편찬하는 것과 같은 맥락이지 않을까 싶다. 지금은 남아 있지 않지만 삼국 시대 가장 잘나갔던 백제의 근초고왕(재위: 346~375)은 『서기(書記)』를, 신라의 진흥왕은 『국사(國史)』라는 역사책을 편찬했다. 나라를 잘 다스렸던 군주가 자신의 업적을 영원히 남기고 싶은 마음과 많은 이들로부터 인정받고 영원히 살고 싶은 마음은 별반 다르지 않을 것이다. 사람의 마음은 누구나 비슷하지 않을까?

시황제는 옛것을 숭상하는 것을
왜 그리 싫어했을까?

시황제의 중국 통일은 영토 통일보다 정신 통일을 이루었다는데
더 큰 의미가 있다. 500년 가까이 분열됐던 사회를 하나로 합쳐
'우리는 하나'라는 민족의식을 가지게 했기 때문이다.

시황제는 넓은 땅과 낯선 백성들을 제대로 다스리려면 앞만
보고 나아가야 했다. 제도와 정책, 그리고 사상까지 하나로 묶어
내기 위해 열심히 노력했다. 그러나 모든 사람을 다 만족시킬 수
는 없다. 특히 여전히 주나라를 숭배하고 과거로 돌아가고 싶어
했던 유학자들을 만족시키기란 특히 더 힘들었으리라.

통일을 이룬 진나라는 미래를 중요하게 생각했다. 그랬기 때
문에 옛것을 숭상하는 유학자들의 불만이 더욱 귀에 거슬렸을
것이다. 그는 유학자들이 시대에 관한 고민 없이 그저 옛날 사상
만 숭배하고 주장하며 새로운 정책에 대해선 불만부터 늘어놓는

다고 생각했다.

'발 없는 말 천 리 간다'는 말이 있다. 삼삼오오 모여 새로운 정책에 대해, 황제의 능력에 대해 이러쿵저러쿵 불만부터 늘어놓는다면 나라에도 황제에게도 도움이 될 리 없다.

그는 옛것에 대한 숭상이 현재를 부정하고 나아가 미래를 해친다고 판단했다. 그래서 옛날이 좋고 지금은 나쁘다는 '시고비금(是古非今)'을 말하는 이는 본인뿐만 아니라 집안 전체가 몰락하는 형벌을 각오해야만 했다.

현대사회에서 '옛날은 좋고 지금은 나쁘다'는 생각은 사회적으로 어떤 영향을 미칠까?

시황제가 중국을 하나로 통일시키고 11년이 지난 기원전 210년, 그는 마흔아홉이란 아직 창창한 나이에 갑자기 세상을 떠난다. 그것은 그에게도 그리고 진나라에도 엄청난 불행이었다. 중국을 통일시키기는 했지만 진은 여전히 불안정했고, 엄격한 법은 백성들을 숨도 못 쉬게 했으며, 만리장성·여산릉·아방궁을 짓느라 백성은 허리가 휠 지경이었다. 시황제의 죽음은 비바람 치는 바다 한복판에서 카리스마 넘치던 선장이 갑자기 사라지고 너무나 미숙하고 어리석은 새 선장이 키를 잡은 것이나 마찬가지인 상황이었다. 이렇게 진나라 호는 서서히 폭풍 속으로 빨려 들어가고 있었다.

제3장

엄격한 법, 가혹한 세금에 몰락해가는 진나라

01

왕후장상의 씨가 따로 있느냐?

"왕후장상의 씨가 어찌 따로 있단 말이냐, 우리도 한번 제대로 살 아보자!"

사람대접 못 받던 노비들의 울분에 찬 외침이었다. 고려 시대 무신정권 시기에 일어난 만적의 난은 우리 역사상 최초의 신분 해방운동이었다. 물론 이 난은 실패로 끝났지만 만적의 이런 선 구자적 외침은 지금 들어도 상당히 매력적이다. 그런데 만적은 이 멋진 구호를 어떻게 생각해냈을까?

『사기』 중 「진승세가」에 이런 문구가 나온다.

"왕후장상 녕유종호(王侯將相寧有種乎)!"

중국 역사상 최초의 농민봉기를 이끌었던 진승과 오광이 새로운 세상을 꿈꾸며 외쳤던 말이다.

"왕·제후·장수·정승의 씨가 어찌 따로 있겠는가? 우리 같은 농민도 왕이 되지 말란 법이 어디 있단 말인가?"

진승, 6개월짜리 왕이 되다

이세황제가 즉위한 해인 기원전 209년, 옛 초나라 출신 농민 수백 명이 큰비로 발목이 묶여 오도 가도 못 하게 되었다. 이들은 북쪽 군사 지역으로 교대하러 가던 길이었다. 쏟아지는 비를 바라보며 근심에 찬 모습으로 걱정하던 두 사람이 있었으니 그들이 바로 진승과 오광이었다.

당시 진나라 군법은 매우 엄격해 만약 제날짜에 교대하지 못하면 묻지도 따지지도 않고 바로 목이 날아갔던 것이다. 이대로라면 제날짜에 도착하기는 불가능했다. 어차피 이래 죽으나 저래 죽으나 마찬가지라고 판단한 두 사람은 무기를 탈취하고 사람들을 선동해 봉기를 일으켰다. 엄격한 법·무거운 세금·지배자들의 부정부패로 백성들의 삶은 만신창이였기 때문에 봉기는 들불처럼 번져나갔다. 진승과 오광은 억울하게 죽은 시황제의 맏 아들 부소와 초나라 장수 항연의 이름을 들먹이며 세를 불려 나 가기 시작했다.

군법이 무서워 도망친 농민을 시작으로 이세황제인 호해가 즉 위한 지 14개월 만에 통일 제국은 다시 전국 시대로 돌아가버리 고 말았다. 진승과 오광은 여러 성을 함락시켰고 이 소식을 듣고 각지에서 많은 사람이 합류했다.

그런데 모여든 이들은 농민만이 아니었다. 공자의 후손인 공 갑은 봉기 소식을 듣고 곧장 유학 책을 끌어안은 채 합류했다 고 하니, 진나라에 불만을 가진 이들이 이 작은 소란을 얼마나 반겼는지 알 수 있는 대목이다. 이들은 파죽지세로 허난성을 향 해 나아갔고 900명의 농민으로 시작한 봉기는 수만 명의 보병, 1,000여 명의 기병, 600여 량이 넘는 전차를 동원하면서 대규모 군대로 변신했다.

이렇게 허난성에 입성한 진승과 오광의 부대는 그곳 백성의 환 호와 함께 초나라의 왕이 되어달라는 요청을 받는다. 진승은 처음 엔 말도 안 된다며 펄쩍 뛰지만 이내 못 이기는 척 받아들인다.

이때부터 진승과 오광 사이가 벌어지기 시작한다. 진승은 허 난성이 근거지인 작은 나라의 왕이 되었지만 오광은 그 밑에 있어야 했기 때문이다.

오광은 무늬만 이인자였다

왕이 된 진승은 농민이 아닌 자신을 도와줄 머리 좋은 인재를 필요로 했다. 그런 그의 앞에 위나라 출신인 장이와 진여가 찾아왔다. 시황제가 현상금을 걸고 찾을 정도로 경계했던 두 사람은 위나라가 멸망한 후 감쪽같이 사라져 행방이 묘연했었다. 그런데 그런 두 사람이 제 발로 진승을 찾아왔던 것이다. 진승은 두 사람을 가까이에 두었다. 그리고 진승은 6개월 만에 사라질 '대초'라는 나라 건국을 정식으로 선포한다.

그러나 핍박받는 농민을 위한 나라를 만들겠다던 그는 초심을 헌 신발짝처럼 내팽개쳤다. 그는 함께 고생했던 농민을 멀리하고 옛 제후국 관리들을 요직에 앉혀 그들과만 정사를 의논했다. 농민은 소외됐고 관리들은 옛 제후국을 다시 건설하는 것에만 관심을 가졌다. 애초에 농민의 삶은 이들의 관심 대상이 아니었다. 이러한 진승의 변심에 농민은 배신감을 느꼈고 그것은 농민군의 사기에도 영향을 미치게 된다.

파죽지세로 밀고 나가던 진승의 군사들은 진나라를 멸망시키고자 한 걸음 더 나아갔다. 이들은 두 부대로 나뉘어 제1군은 뤄양으로, 제2군은 한구관으로 출발했다. 제1군은 닝양에서 성을 함락시키지 못해 꼼짝 못 했지만, 제2군은 거침없이 나아가 한구관 근처에 도착할 즈음엔 군사가 3만으로 불어나 있었다. 이제 진의 수도인 셴양이 코앞이었다. 진승의 제2군 부대는 한구관을 점령하고 셴양의 초입인 산시성(陝西省)을 향해 나아갔다.

그런데 진나라는 이 지경이 되도록 사태파악조차 못 하고 있었다. 이세황제인 호해는 듣기 좋은 말만 들으려 했다. 처음에 각지에서 반란 소식이 들려오자 놀라고 당황한 호해는 오히려 반란 소식을 보고한 관원들을 감옥에 가둬버렸다. 그러니 이후에 어느 누가 사실을 그대로 보고했겠는가? 하물며 반란군을 모조리 잡아 소탕했다는 거짓 보고까지 난무했으니 중앙은 반란에 제대로 대처할 수 있는 상황이 아니었다.

결국 호해는 진승의 제2군 부대가 코앞에 닥치고 나서야 비로소 사태의 심각성을 깨달았다. 호해는 급히 여산릉 공사에 동원된 죄수 수십만 명을 사면하고 장한을 대장군으로 삼아 반란군에 맞서게 했다. 그런데 결과는 생각지도 못하게 장한의 승리로 돌아가고 말았다. 진승의 농민군이 장한의 죄수군에게 추풍낙엽처럼 나가떨어지는 바람에 진나라는 겨우 한숨 돌릴 수 있었다. 그럼 잠시 잊고 있던 진승의 제1군 부대는 어떻게 되었을까?

진승의 제1군 부대는 전장이란 자가 지휘했고 오광이 그 아래에서 보좌하고 있었다. 이인자인 오광의 위치를 생각했다면 당연히 오광에게 지휘를 맡겼어야 했을 텐데 진승은 오광을 전장 아래에 두었으니 오광은 당연히 불만이 많을 수밖에 없었다. 이런 불만은 장군인 전장과의 마찰로 이어졌고 오광은 장군을 무시하고 제멋대로 행동하기 시작했다. 진승의 제1군 부대가 닝양을 함락하지 못하고 발이 묶여 있었던 것도 이런 전장과 오광의 갈등 때문이었다.

마침내 전장은 상관의 명령에 따르지 않는 오광의 목을 베어버리고 말았다. 그런데 진승은 이런 전장의 행동을 칭찬하며 상장군으로 승진시켰다고 하니 진승도 어지간히 오광이 거슬렸던 모양이다.

이런 내부의 갈등으로 제1군 부대가 시간을 허비하고 있을 때, 진승의 제2군 부대를 박살 낸 장한은 닝양의 서쪽까지 진군해 오창(敖倉: 지금의 허난성 싱양 인근)이란 곳에서 마침내 진승의 제1군 부대와 맞붙게 된다. 그리고 이곳에서도 역시 진나라의 죄수군이 승리를 거둔다.

너도나도 왕이 될 수 있었던 시대

한편 진승이 세운 대초라는 나라의 사정은 어땠을까? 장이와 진여는 제1군과 제2군 두 부대가 셴양을 함락하기 위해 떠나자 진승에게 이렇게 말했다.

"진나라를 향해 서쪽으로 부대가 출발했으니 이제는 화북(화베이) 쪽에 신경을 써야 할 때입니다. 저희에게 군사를 주시면 조나라 땅을 점령하여 후에 닥칠 불안을 없애도록 하겠습니다."

두 사람을 확실히 믿을 수 없었던 진승은 3,000명의 군사와 무신이라는 장군을 함께 보내 이들을 감시하게 했다. 역시 장이와 진여는 뛰어난 전략가였다. 이들은 옛 조나라 신하들을 세 치 혀로 설득해 싸움 한번 하지 않고 항복을 받아냈다. 그런데 문제는 감시하라고 보낸 무신이 오히려 스스로를 조왕이라 칭하며 조나라 땅에 눌러 앉아버린 것이다. 이를 들은 진승은 바들바들 떨며 무신의 가족을 잡아다 죽이려 했지만 신하 채린이 이를 말렸다.

"모두를 적으로 만들면 앞으로 상황이 더 힘들어질 수 있습니다. 무신을 설득해서 그가 서쪽 셴양을 공격하도록 하는 것이 어떻겠습니까?"

그러나 무신은 이 제안에 콧방귀를 뀌며 오히려 한광이란 장
수를 동쪽으로 보내 옛 연나라 땅을 공격하게 했다. 그러자 그곳
사람들은 이들을 해방군으로 여기며 오히려 환영했다. 게다가
여기서도 옛 연나라 사람들은 아무 저항 없이 한광을 연왕으로
앉히고 옛 연나라의 재건을 꿈꿨다. 그야말로 먼저 깃발 꽂는 사
람이 왕이 되는 기막힌 상황이 이어졌던 것이다. 이로써 도로 춘
추전국 시대로 돌아가버린 것처럼 보였다.

이래저래 안팎으로 곤경에 빠진 진승은 도망치는 처지가 되고
말았다. 그리고 결국 그의 마차를 몰던 마부에 의해 살해당하는
최후를 맞고 만다. 왕후장상의 씨가 따로 있느냐며 호기롭게 들
고 일어났던 최초의 농민봉기는 이렇게 허무하게 스러져버렸다.
비록 진승과 오광의 농민봉기는 실패로 끝나버렸지만 그 불씨는
아직 남아 있었으니 후에 평범한 농민 출신으로 황제가 된 유방
에 의해 다시 활활 타오르게 된다.

02

항우와 유방에게 무너져버린 진나라

시황제의 유서를 조작하여 이세황제가 된 호해는 어떻게 나라를 다스렸기에 3년 만에 나라를 멸망의 구렁텅이로 빠뜨렸을까? 「이사열전」을 보면 이를 짐작할 만한 대목이 나온다.

"엄한 법과 가혹한 형벌로 백성을 꼼짝 못 하게 하시옵소서. 또한 대신과 형제를 멀리하시고 가난한 이는 부자로, 신분이 낮은 자는 지위를 높여준다면 모두 폐하의 은혜에 감탄할 것이옵니다. 또한 선왕의 신하는 모두 없애고 폐하의 신하들을 가까이에 두신다면 권력과 돈을 줄 수 있고 하고 싶은 것을 모두 다 하실 수 있을 것이옵니다."

　이렇듯 조고는 호해를 어리석은 군주로 만들었다. 조고의 말
이 옳다고 믿은 호해는 법률을 고쳤다. 법이 더 엄격해지고 처
벌은 더 가혹해지자 신하들은 저마다 불만을 가졌고, 아방궁을
짓고 치도를 닦느라 백성들이 내야 할 세금과 부역은 더욱 무거
워졌다. 이런 와중에 진승과 오광이 난을 일으키자 너도나도 왕
을 사칭하고 반란을 일으켜 반란의 무리가 들불처럼 번졌던 것
이다.

　이런 상황을 그대로 두고 볼 수만은 없었던 재상 이사는 여러
차례 자신의 의견을 황제에게 고했으나 그는 귀를 막아버렸다.
오히려 이사를 꾸짖으며 말하기를,

"현명한 자가 천하를 다스리면 천하가 그의 뜻을 따른다오. 현명
한 자란 천하를 안정시키고 만민을 다스리는 자를 말하오. 자기
일신의 영화를 지키지 못하는 자가 어찌 천하를 다스릴 수 있다
고 말할 수 있겠소. 그러니 짐은 하고 싶은 대로 하겠소."

유서 조작 사건의 공범, 그들의 최후

이사의 아들인 이유는 삼천(三川: 지금의 허난성 뤄양 인근)의 태수였다. 난을 일으킨 오광의 무리가 삼천에 쳐들어왔고 이를 막아내지 못한 이유 대신 장한의 부대가 그들을 물리쳤다. 이를 문책당할까 두려워 몸을 사리던 이사는 호해에게 하던 쓴소리를 거두고 태도를 바꿔 호해의 총명함과 지혜를 찬양하는 아부성 글을 올려 호해를 만족시키려 했다.

신하들은 너도나도 황제의 비위를 맞추기에만 급급했고, 황제역시 판단력을 잃은 채 사람을 많이 죽이는 신하는 충신으로 대우했다. 그리고 백성을 착취하여 세금을 많이 걷는 관리는 현명하다 칭찬하며 상까지 내렸다. 이렇게 되니 나라는 점점 회복 불가능한 나락으로 빠져들고 말았다.

한편 조고는 호해에게 신비주의 전략을 강조하며 그를 대신들과 만나지 못하게 했다. 그리고 호해를 궁궐 깊숙이 밀어 넣은 후제멋대로 나랏일을 처리하기 시작했다. 하지만 이런 조고에게도거슬리는 사람이 있었으니, 바로 사구에서 유서를 조작할 때 함께 모의했던 이사였다.

조고는 이사를 경계했다. 그래서 그는 의도적으로 호해와 이사와의 관계가 조금씩 멀어지도록 손을 썼다. 일부러 호해가 잔치를 베풀고 흥겹게 놀고 있을 때만 골라 이사에게 황제를 찾아뵙도록 주선했다. 그러니 흥이 깨진 호해는 불쾌해했고 영문을 모르는 이사는 난감해졌다. 같은 상황이 세 차례나 되풀이되자 호해는 이사를 괘씸하게 여겼고 조고는 이 틈을 놓치지 않고 이사를 모함했다.

"승상은 사구의 일에 참여했습니다. 폐하는 황제가 되셨지만 승상의 지위는 더 이상 오르지 않았습니다. 그는 왕이 되고 싶은 마음에 진승의 무리와 짜고 일부러 승상의 아들인 이유를 시켜 반란군을 막지 않았다는 소문이 파다합니다. 또한 진승의 무리는 승상의 고향 사람이기도 합니다. 저들이 서로 내통했다는 말이 떠돌고 있으니 조사하여 내막을 밝히심이 옳은 줄로 아옵니다."

이로써 상황은 끝났다. 이사는 자신의 무죄를 주장했지만 결국 역모죄로 허리가 잘리고 그의 가족들은 모두 죽임을 당한다. 승상이 된 지 30여 년, 시황제의 책사로서 여섯 제국을 멸망시키고 나라를 이끄는 데 커다란 공을 세웠지만 이사는 이렇게 비참한 최후를 맞고 만다. 갖은 계략으로 한비와 같은 무고한 사람을 억울하게 죽게 했던 벌이었을까?

· 지록위마

지록위마는 윗사람을 농락하며 권세를 마음대로 부리려 함을 이르는 말이다. 환관 조고가 자신의 권세
를 시험해보고자 황제 호해에게 사슴을 가리키며 말이라고 한 데서 유래했다.

이사가 죽은 후 진나라는 그야말로 조고의 세상이 된다. 그는
기고만장해져 서서히 다른 생각을 품기 시작했다. '지록위마(指鹿
爲馬)'라는 사자성어의 유래가 여기서 탄생한다.

조고의 최종 목적은 황제가 되는 것이었다. 그는 목적을 달성
하기 위해 자신의 힘을 확인하고 자신에게 적대적인 사람을 골
라낼 시점을 저울질하고 있었다.

어느 날 조고는 호해에게 사슴을 한 마리 바치면서 말이라고
우긴다. 괴이하게 여긴 호해는 주변에 있던 신하에게 저것은 사

슴이 아니냐고 묻지만, 조고의 위세에 눌린 신하들은 말이라고 대답한다. 이처럼 '지록위마'는 사슴을 가리키며 말이라고 우긴다는 뜻으로 윗사람을 농락하며 아랫사람이 권세를 휘두르는 것을 풍자한 말이다. 이는 이미 조고의 힘이 호해를 능가했다는 것을 보여주는 일화이기도 하다.

이렇듯 여럿이 한 사람을 바보로 만드는 일은 너무나 쉬운 일이었다. 호해는 자신이 이상해진 것이라 생각해 점을 쳤고 제사에 더욱 정성을 다하라는 점괘를 받았다. 그는 제사에 정성을 다한다는 핑계로 상림원에 들어가 날마다 사냥을 하며 지냈는데, 이곳에서 호해는 조고의 계략에 말려들고 만다.

어느 날 호해가 쏜 화살에 맞아서 사람이 죽는 사고가 일어났다. 이 사고를 빌미로 조고는 호해를 궁지로 몰았고 결국 자살까지 하게 만들었으니 환관 조고의 목적이 달성되는 듯 보였다. 그러나 황제가 되는 것은 그리 호락호락한 일이 아니었다.

옥새를 꿰찬 조고는 황제가 되려고 여러 번 시도했으나 아무도 그를 따르지 않았다. 조고는 어쩔 수 없이 시황제의 맏아들이었던 부소의 아들 자영에게 옥새를 넘겨야 했다.

이로써 자영이 삼세황제(재위: 기원전 207)에 즉위했다. 하지만 얼떨결에 그 자리에 앉게 된 자영은 조고에게 죽임을 당할까 염려해 병을 핑계로 모습을 보이지 않았다. 그러고는 오직 살아남기 위해 측근인 환관 한담과 조고를 없앨 계책을 세우는 데만 골몰했다. 자영은 조고가 두려웠고, 그를 죽이지 않으면 자신이 죽임을 당할 것이란 압박감에 시달렸다. 결국 아무런 의심 없이 자영을 병문안하러 온 조고는 한담에게 살해당하고 그의 가족 역시 모두 죽임을 당한다.

이로써 유서를 조작하여 나라를 뒤흔들고 모든 것을 엉망으로 만들어버린 호해·조고·이사는 3년도 못 버티고 처참하게 죽음을 맞았다. 이를 두고 '사필귀정(事必歸正)'이라 할 것이다.

호해보다는 그래도 좀 나은 자영이 진나라의 세 번째 황제가 됐지만, 그 역시 이미 침몰해가는 진나라의 운명을 막기에는 역부족이었다. 자영이 즉위한 지 3개월 만에 유비의 군대가 셴양을 점령했고, 자영은 그 자리에서 바로 항복함으로써 목숨만은 건질 수 있었다. 하지만 이후에 밀고 들어온 항우에 의해 자영은 결국 목숨을 잃고 셴양의 궁과 모든 건물 또한 불타버렸다. 그리고 마침내 셴양 거리에는 아무것도 남지 않게 되었다.

거록 전투로 확실하게 얼굴도장 찍은 항우

진승과 오광의 난은 진나라 장수 장한의 활약으로 진압되었지만 정작 중요한 반란의 불씨는 다른 곳에서 피어오르고 있었다. 항우와 유방이 각각 군사를 모아 진나라를 치기 위해 세를 불리고 있었으니 앞으로 이들의 활약은 무척 흥미진진한 얘깃거리가 될 것이다.

진나라 호해가 즉위한 해인 기원전 209년 7월, 진승과 오광이 봉기를 일으켰고, 9월에는 많은 군현으로 번져나갔다. 항우는 작은아버지인 항양의 지휘 아래 회계(會稽: 지금의 장쑤성 샤오싱 인근) 땅에서 회계 태수를 살해하고 위세 있던 관리들을 설득하여 군사 8,000명을 얻는 데 성공한다. 이후 강동 지역을 평정하고 서쪽으로 진격하여 승승장구하니 병사 수는 곧 수만으로 불어난다.

70세의 전략가 범증은 항양에게 이렇게 충고한다.

"진승은 먼저 봉기했으나 어리석게도 왕실의 후손이 아닌 자신이 왕에 오르는 바람에 오래가지 못했습니다. 지금 당신 주위에 많은 병사들이 몰려든 것은 당신이 옛 초나라 장수의 후손이기에 다시 초나라 왕실을 세워달라는 바람 때문입니다."

그의 충고를 들은 항양은 옛 초나라 마지막 왕인 회왕의 손자를 즉위시켰다. 그가 바로 미심이다. 미심은 초나라가 망한 후 어렵게 양을 치며 살아가고 있었다. 항양은 이런 미심을 어렵게 찾아내어 초회왕으로 삼고, 그와 조카인 항우가 반란군의 중심이된다. 이 시기 유방도 주변의 별다른 도움 없이 여기저기서 모은수천 명의 군사를 이끌고 초회왕에게 합류한다(항우와 유방 개인에대한 내용은 뒤에서 다시 자세히 다루겠다).

초회왕 미심은 각지에서 합류한 장수들을 격려하고 진나라의수도인 셴양을 공격하라 명한다. 또한 장수들에게 누구든 셴양을먼저 점령하는 사람을 진나라의 국왕으로 삼겠노라 약속한다.

한편 죄수들로 꾸린 장한의 군대는 진승의 제2군 부대를 박살내고 동쪽으로 향했다. 그리고 마침내 장한과 항양은 맞닥뜨리게 된다. 이미 항양도 이사의 아들인 이유의 목을 베어 의기양양하던 차였기에 자신감에 차 있었다. 의기양양한 장한과 항양의싸움, 과연 누가 이겼을까? 결과는 항양이 참패하고 이 전투에서 죽게 된다. 항양의 군대가 무너지자 초나라의 여신·항우·유방이 총출동하여 동쪽으로 향했다.

이즈음 진나라는 이사가 처형되고 조고가 '지록위마'를 연출하며 권력을 모두 자신의 손아귀에 틀어쥐고 있을 때였다. 그러나 조정 상황과는 상관없이 진의 장수 장한은 전장에서 선전해가며 농민군을 소탕하고 막 다시 세워진 조나라의 군사요충지인 거

• **항우와 유방**

　항우(항적, 왼쪽)와 유방(오른쪽)은 진·한 시대 최대의 라이벌이다. 진나라를 무너뜨리는 데 뜻을 함께한 두 사람은 목적을 이룬 뒤부터 숙적이 된다. 최후의 승리는 해하 전투에서 이긴 유방에게 돌아간다.

록(쥐루)을 포위한다.

　한편 항우는 작은아버지인 항양의 복수를 다짐하며 거록으로 향했고 마침내 그곳에서 치열한 전투가 벌어졌다. 항우는 이 전투에서 다른 제후들에게 자신의 존재를 알리게 된다.

　그럼, 유명한 '거록 전투'에서 항우의 활약상을 살펴보자.

　군대를 이끌고 장하를 건넌 항우는 자신이 타고 온 배에 구멍을 뚫어 가라앉히고 솥과 시루를 깨뜨렸다. 그뿐만 아니라 사흘치의 식량만 남겨두고 자신들의 막사에 불을 지른 후 싸움을 시작했다. 사흘 안에 싸움을 끝내지 않으면 이래도 저래도 죽는 상황을 만든 것이다. 항우의 군사들은 죽기를 각오하고 싸웠고 마침내 진나라 장수인 왕리를 포로로 잡는 성과를 올리게 된다.

한편 거록 전투에 지원군으로 달려온 다른 제후국 장수들은 감히 나설 엄두조차 내지 못하고, 이 엄청난 전투를 바라보기만 했다. 이들에게 항우는 이미 두려움과 복종의 대상이었다. 이 거록 전투로 항우는 진나라에 대항하는 연합군의 상장군이 되었고, 다른 제후국들의 실질적 우두머리가 되었다.

진나라의 심장인 셴양에 누가 먼저 깃발을 꽂을 것인가?

상황이 이러할진대 진나라의 명장인 장한의 모습은 보이지 않았다. 그는 뭘 하고 있었을까?

장한은 항우와 멀찍이 떨어져서 대치하고 있었고 여러 번 위기가 닥치자 부하인 사마흔을 보내 황제의 지시를 받고자 했다. 그러나 셴양에 도착한 사마흔은 사흘을 기다려도 조고를 만날 수 없었다.

황제를 만나려면 조고를 거쳐야 했는데 황제는커녕 조고조차 만날 수 없었다. 아니나 다를까. 약삭빠른 조고는 상황을 봐서 반란군에 대한 책임을 장한에게 뒤집어씌울 음모를 꾸미고 있었던 것이다. 이를 알게 된 사마흔은 급히 셴양을 빠져나왔다.

● **거록 전투**

거록 전투는 기원전 207년 진나라 주력부대와 초나라 반군이 맞붙은 대전이다. 전투 결과 항우가 이끄는 초군의 승리로 끝이 난다. 진나라의 멸망을 이끈 결정적인 전투다.

사마흔은 장한에게 편지로 이러한 상황을 알렸다.

"이미 조고가 권력을 장악해 만약 우리가 전쟁에서 이기면 시샘 때문에 죽을 것이고, 진다면 패전의 책임을 물어 죽을 처지에 놓였습니다. 이미 진나라는 가망이 없으니 지금이라도 군대를 돌려 제후들과 연합해 진나라에 대항하는 것이 나을 듯합니다."

이에 장한은 발 빠르게 항우와 맹약을 맺고 연합군에 합류한

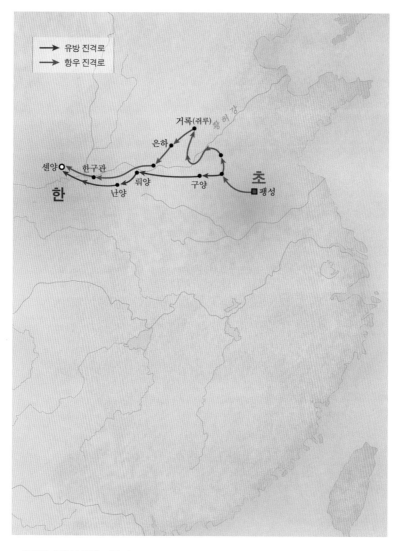

• 항우와 유방의 셴양 도착 경로

항우는 솥을 깨고 배를 가라앉히는 등 결사 항전의 각오로 거록 전투를 치르며 셴양에 입성했다. 반면, 유방은 별다른 싸움 없이 순탄하게 도착했다.

다. 항우는 장한을 옹왕으로 세우고, 장수인 사마흔·동예만을 살렸다. 그리고 혹시 모를 위험을 제거하기 위해 진나라 군사 20여만 명을 산 채로 땅에 묻어버렸다. 이로써 진나라에 주어진 마지막 기회마저 사라져버리고 말았다.

항우가 거록에서 진나라의 20만 군사를 대상으로 진을 빼고 있을 때 유방은 셴양을 코앞에 두고 있었다. 인복이 많았던 유방은 특유의 포용력과 낮은 자세로 주위에 뛰어난 부하들을 두고 있었다. 태공병법의 달인 장양·백정 번쾌·소하와 조참은 그가 한나라를 세우고 통일 제국을 세우는 데 큰 역할을 한 인물들이다. 유방은 이들과 함께 진승과 항양이 패한 후 여기저기 흩어져 있던 군사들을 모으며 서쪽을 향해 별 어려움 없이 나아갔다.

특히 점령한 지역에서 살인이나 노략질을 하지 않아 민심을 얻을 수 있었고, 덕분에 유방에 대한 평판은 아주 우호적이었다. 그사이 진나라는 삼세황제 자영이 실권을 잡았다. 하지만 이미 기울어질 대로 기울어진 진나라의 운명을 되돌리기에는 너무 늦은 상황이었다.

그리고 기원전 206년 10월, 유방이 셴양에 먼저 깃발을 꽂았다.

항우는 생각지도 않는데 김칫국부터 마신 유방

다른 제후들보다 셴양에 먼저 도착한 유방은 흰 말이 이끄는 흰 수레를 타고 목에는 끈을 두른 채 옥새를 들고 항복하는 자영을 살려줬다. 그리고 장양과 번쾌의 조언을 받아들여 진나라의 보물은 그대로 둔 채 창고를 봉한 뒤 성 밖으로 군대를 돌려 나왔다.

그러고 나서 유방은 진나라 관리와 함께 모든 현·향·읍을 다니며 백성들에게 이렇게 말했다.

"진나라의 가혹한 법 때문에 많은 사람들이 죽고 가문이 멸족을 당하여 힘들게 살아온 것을 잘 알고 있다. 먼저 이 땅에 들어선 자가 왕이 되기로 했으니, 내가 이곳 관중 땅의 왕이 될 것이다. 나는 여러분에게 법령 세 가지만 약속하겠다.

첫째, 사람을 죽일 경우에는 사형에 처할 것이다.

둘째, 사람을 다치게 한 경우나 물건을 훔친 경우에는 그 죄를 물을 것이다.

셋째, 그 외의 진나라 법은 모두 없앨 것이니 모든 백성은 전처럼 안심하고 살 수 있을 것이다.

앞으로 우리 군사들이 사람을 해치거나 물건을 빼앗는 일은 없을

· 유방의 관중 입관

유방은 관중 땅에 들어서면서 백성들에게 진나라의 엄한 법을 모두 없앨 것이라 선포한다. 이에 열광한 백성들은 유방이 진나라 왕이 되지 못할까 노심초사한다.

것이니 걱정하지 말라. 군대를 돌려 성 밖으로 나온 것은 다른 제후들이 오기를 기다리며 약속을 마무리 지으려는 것이니 그리 이해하기 바란다."

이 무슨 가뭄에 단비 같은 말씀인지, 관중 땅의 백성은 그야말로 유방에게 열광하며 혹여 그가 진나라 왕이 되지 못할까 걱정이 이만저만이 아니었다.

한편 11월 중순, 거록 전투에서 멋들어지게 이미지를 관리한 항우는 군사들을 이끌고 셴양으로 들어가는 길목인 한구관에 도착한다. 그런데 유방이 왕이 됐으면 하는 마음이 너무 간절했던 군사들은 항우가 한구관에 들어오는 것을 격하게 막았다. 유방이 이미 관중 땅을 평정했다는 소식에 심기가 불편해진 항우는 온 힘을 다해 한구관을 뚫었다. 홍문에서 한숨 돌리는 항우에게 유방의 부하였지만 유방을 배신한 조무상이란 자가 쪼르르 달려와 이르길 "유방이 궁궐의 보물을 독차지하고 왕이 되려 합니다"라며 유방을 헐뜯었다.

화가 난 항우는 다음 날 아침에 쳐들어갈 계획을 세운다. 사실 둘이 정식으로 맞붙으면 싸움은 보나마나였다. 왜냐하면 유방은 항우의 적수가 안 되었기 때문이다.

홍문에서 죽다 살아난 유방

하늘은 유방의 편이었을까? 다행히 이 위급한 상황을 유방에게 알려준 이가 있었으니, 그는 바로 항우의 큰아버지인 항백이었다. 사연은 이러했다.

예전에 항백이 사람을 죽이고 위험에 처했을 때 장양이 도와준 덕분에 목숨을 구한 적이 있었다. 그런 사정으로 항백은 장양에게 은혜를 갚고 싶어했다. 그래서 급하게 달려와 장양에게 항우가 쳐들어올 것이란 정보를 알려주었던 것이다. 실은 장양만 구해서 데려갈 생각이었는데 의리를 아는 장양은 이 사실을 유방에게 알리고 곧바로 대책을 강구했다.

다음 날 아침 유방은 기병 100여 명을 거느리고 홍문으로 가서 항우를 만나 사죄한다.

"저는 장군과 함께 사력을 다해 진나라를 공격했습니다. 그런데 운이 좋아 제가 셴양에 먼저 들어오게 되었습니다. 하지만 보물에는 손도 대지 않고 장군을 기다렸습지요. 그래서 성 밖으로 되돌아 나갔던 것입니다. 장군께서 오해하신 것 같은데 제 충정을 알아주십시오."

"내가 오해를 한 것은 그대의 부하인 조무상이 그리 알려서 그런 것이오. 그러지 않았다면 내가 무엇 때문에 이리 행동했겠소?"

항우는 쿨하게 사과를 받아들였고 유방을 위해 잔치까지 벌였다. 그런데 항우의 책사인 범증은 유방이 보통 인물이 아님을 알았다. 그는 항우에게 유방을 살려두면 나중에 반드시 후회할 것이라며 여러 번 경고했다. 범증은 앞을 내다볼 줄 알았던 걸까?

· 홍문의 연
항우가 자신을 치러 온다는 것을 안 유방은 항우에게 사과한다. 항우가 이를 받아들여 홍문에서 잔치를
연 날, 항우의 책사 범증은 유방을 암살하고자 하나 실패한다.

아무튼 그는 항우에게 이번 기회에 반드시 유방을 죽여야 한
다고 계속해서 얘기했지만 항우는 이를 무시했다. 결국 범증은
항장을 불러 자초지종을 설명하고 칼춤을 청해 기회를 봐서 유
방을 죽이라고 명한다. 칼춤이 벌어졌다. 그런데 이게 어찌 된 일
일까? 유방에게 향하는 칼을 항백이 번번이 막아내는 게 아닌
가? 그 바람에 항장은 유방을 죽일 수 없었다.

이것을 본 장양은 상황이 급박하다는 걸 알아챈다. 그는 그 즉

시 번쾌를 들여보내 항우를 상대로 술을 마시게 하고 주의를 끌어 유방을 빼돌리는 데 성공한다. 서둘러 축하연을 빠져나온 유방은 먼저 돌아갔고 장양은 먼저 자리를 뜬 유방을 대신해 항우와 범증에게 선물을 바치고는 사죄를 구했다. 그러자 범증은 선물을 바닥에 내던지며 탄식했다고 한다.

"아! 이런 소인배와는 천하를 도모할 수가 없으리라. 눈앞에서 유방을 놓쳤으니 후에 우리는 분명히 그의 포로가 되고 말 것이다."

범증은 앞을 내다볼 줄 아는 인물이었던 것이다.

이로써 항우는 호랑이 굴에 들어온 유방을 순순히 살려 보내는 실수를 하고 만다. 만약 항우가 범증의 말을 들었더라면 역사는 달라졌을까?

초나라 왕 항우와 한나라 왕 유방의 대결

며칠 후 항우는 셴양으로 들어갔다. 항우는 항복한 삼세황제 자영을 죽이고 진나라의 보물을 닥치는 대로 빼앗았다. 그리고 진나라 궁궐과 셴양 거리에 불을 질렀는데 그 불은 석 달 동안이나 타올랐다고 한다.

셴양을 불태우고 나서 항우는 형식상 초회왕을 높여 '의제'라 칭하고 실권은 자신이 차지한다. 스스로 왕이 되었고 전쟁에 참여한 여러 제후도 왕으로 봉했다.

그런데 항우는 이때 큰 실수를 범하고 만다. 그는 유방에게 서쪽 변방인 파·촉 땅을 내주었는데, 그곳은 척박한데다 멀리 떨어져 있어 죄인들의 유배지로나 적합한 땅이었다. 당연히 유방은 불만스러웠을 것이다. 그런데 항우 본인은 정작 천하의 요새이자 노른자 땅인 관중을 버리고 자신의 고향으로 돌아가 그곳에 나라를 세웠다. 단순했던 항우는 관중의 땅은 이미 불에 타 황량한 재만 남아 있었기에 그곳이 눈에 차지 않았던 것이다. 그럼에도 약속대로 관중의 땅을 유방에게 주지 않았던 것은 그만큼 유방이 항우에게 경계의 대상이었다는 것을 보여준다.

시황제의 수도가 있었던 진 제국의 노른자 땅인 관중은 유방이 동쪽으로 뻗어 나가는 것을 막기 위해 셋으로 나누어 원래 그 땅의 장수였던 장한·사마흔·동예에게 각각 나눠주고 왕으로 삼았다. 그 밖의 제후들에게도 땅을 나누어 주었는데, 이는 전쟁의 공적과는 상관이 없었으며, 기준도 없이 이루어져 불만을 가진 이가 많았다.

이렇게 진나라 수도인 셴양에 먼저 입성하고도 주도권을 빼앗긴 유방은 변방의 황무지인 파·촉 땅으로 밀려나 그곳에 한나라를 세운다. 그러나 이대로 물러설 유방이 아니었으니 초나라 왕인 항우와 한나라 왕인 유방의 패권을 쥐기 위한 치열한 싸움은 이제부터가 시작이었다. 과연 두 사람 중 누가 최후의 승자가 될 것인가?

　제3장 엄격한 법, 가혹한 세금에 몰락해가는 진나라

03

나그네의 외투를 바람으로 벗긴 항우

항우는 진나라가 멸망하고 한나라가 다시 통일하는 과정에서 뜨겁게 타올랐다가 꺼져버린 인물이다. 그는 민란으로 혼란스러웠던 시기에 화려하게 등장해 3년 만에 진나라를 멸망시키고 모든 제후 위에 군림했다. 그러나 공평하지 못하고 지혜롭지 못한 행동으로 많은 이를 적으로 만들었다.

사마천은 그의 이야기를 제왕들의 전기를 다룬 「본기」에 기록해놓았다. 이는 항우가 혼란의 시기에 짧지만 의제를 대신해 서초패왕이라는 이름으로 실질적인 제왕 역할을 했음을 인정한 것이다.

극과 극의 평가를 받고 있는 그는 어떤 사람이었을까?

못난 사람의 용기와 속 좁은 자의 인정

항우의 본명은 항적(項籍)이며 하상 사람이다. 키는 8척(190센티미터)에 이르렀고 구리 솥을 번쩍 들 정도로 힘이 장사였으며 재능 또한 뛰어났다. 그런데 학문과 검술 익히기를 싫어하여 자신의 이름 정도만 쓸 수 있었다고 한다.

"항왕(항우를 칭함)이 화가 나서 꾸짖을 때는 그 기세에 모든 사람이 엎드려 벌벌 떨 지경입니다. 그러나 자신의 가까운 부하들에게조차 믿고 일을 맡기지 못하니 혈기만 믿고 날뛰는 못난 사람의 용기일 따름입니다.

항왕은 또한 사람을 만날 때면 공손하고 인정이 넘치며 말씨도 부드럽습니다. 아픈 사람에겐 눈물을 글썽이며 음식을 나누어 주기도 할 정도로 다정합니다.

하지만 공을 세운 이를 칭찬할 때는 인색하고, 상을 내릴 때는 아까워 어찌할 줄 모릅니다. 이는 속 좁은 사람의 인정일 뿐입니다."

사마천 『사기』 중 「회음후열전」 내용을 보면 항우는 정은 많았

	왕명	본명	원래 직위		왕명	본명	원래 직위
1	의제	미심	초나라 왕	11	구강왕	영포	항우의 부하
2	서위왕	위표	위나라 왕	12	형산왕	오예	백월(광동성)의 추장
3	한왕	한성	한나라 왕	13	임강왕	공오	미심의 신하
4	옹왕	장한	진나라 장수	14	요동왕	한광	연나라 왕
5	새왕	사마흔	장한의 부하	15	연왕	장도	한광의 부하
6	적왕	동예	장한의 부하	16	교동왕	전불	제나라 왕
7	대왕	조헐	조나라 왕	17	제왕	전도	전불의 부하
8	상산왕	장이	조헐의 재상	18	제북왕	전안	항우의 부하
9	하남왕	신양	장이의 부하	19	한왕	유방	미심의 부하
10	은왕	사마앙	조헐의 부하				

• 항우가 임명한 19개의 제후국(『백양중국사』 참고)

으나 대범하지 못했고, 자신의 감정을 그대로 드러내는 성격이었음을 알 수 있다.

항우가 스스로를 서초패왕이라 부른 지 두 달 만에 다시 반란이 일어났다. 이해를 돕기 위해 위의 표를 참고하기 바란다. 옛 제나라 재상이었던 전영이 동료였던 새로운 제왕 전도를 공격했고, 옛 조나라 재상이었던 진여도 새로이 상산왕으로 임명된 장이를 공격했다.

이러한 반란이 일어난 이유는 자신들이 모시던 전불(옛 제왕)과 조헐(옛 조왕)이 멀쩡하게 살아 있음에도 변방으로 밀려나면서 옛 동료를 왕으로 모셔야 했기 때문이다. 이러한 새로운 전쟁의 기운은 항우의 공정하지 못하고 사람들을 배려하지 못한 일 처리 결과라 볼 수도 있다.

반란 소식을 들은 항우는 바로 전영과 진여를 진압하기 위해 출발했다. 그런데 전쟁에서도 항우의 과격한 스타일은 어김없이 드러났다. 그는 한 지역을 진압하고 나면 으레 군사를 풀어 사람을 죽이고 물건을 빼앗으며 그 지역을 모두 불태워버렸다. 그리고 항복한 군사들을 10만 명이고 20만 명이고 거리낌 없이 산 채로 묻어버리기까지 했다.

이런 이유로 항우의 군사들과 마주한 지역의 백성은 살기 위해서라도 죽을힘을 다해 맞서 싸워야 했다. 사정이 이렇다 보니 이기면 이길수록 반란의 무리가 계속 늘어나는 믿기 어려운 상황이 벌어지게 되었다.

한편 항우는 결국 의제를 죽음으로 몰아넣었는데, 억울하게 죽은 의제에 대한 복수를 명분으로 유방도 반란에 가세하게 된다. 그는 한나라 수도인 난정을 출발해 동쪽으로 나아갔다. 그리고 기원전 205년 4월, 유방의 군사들은 항우가 잠시 자리를 비운 사이 초나라 수도인 팽성을 점령해버린다.

기회를 놓치고 또 놓치고

팽성이 점령당했다는 소식을 들은 항우는 제나라와 싸우다 말고 정예 병사 3만 명을 이끌고 득달같이 초나라로 향했다. 팽성에 도착한 항우는 바로 유방의 군사들을 초토화시켰다. 이에 당황한 한나라 군사들은 혼비백산하여 달아나기 바빴으니 곡수와 쓰수이강에 빠져 죽은 병사만 10여만 명에 달했다.

역시 항우였다. 유방은 싸움에 관한 한 그의 적수가 되지 못했다. 한나라 군사들은 후퇴했고 결국 유방은 초나라 군사들에게 세 겹으로 포위당하는 지경에 이른다. 유방은 이 위기를 어떻게 벗어날 수 있었을까? 기록에 따르면 갑자기 돌풍이 불고 낮이 밤처럼 깜깜해져 앞뒤를 분간하기 어려운 상황이 되었다고 한다. 이에 초나라 군사들은 혼란에 빠졌고 그 틈을 타 유방은 포위망에서 벗어나 도망칠 수 있었다고 한다. 물론 승자인 유방의 편에서 포장된 기록일지 모르지만 어쨌든 기록으로만 보자면 유방은 하늘이 돕고 있다 할 만했다.

운 좋게 빠져나온 유방은 형양에 이르러 흩어진 군사들을 모아 전열을 재정비하였다. 전투는 점점 더 치열해져 형양에서 유방과 항우의 군대는 다시 대치하였고, 서로 한 발짝도 더는 나아갈 수 없는 상황이 되었다. 이에 유방이 먼저 화해를 청했다. 그러나 항우의 책사인 범증은 유방의 화해 요청을 받아들이지 않았다. 결국 유방은 또다시 초나라군에 포위당하고 만다.

다시 위기에 몰린 유방은 이번엔 항우와 범증을 이간질시키는 계책(범증이 한나라와 내통하고 있는 것처럼 보이도록 꾸밈)을 써서 간신히 빠져나온다. 이를 계기로 항우는 범증을 의심하게 되고, 범증은 그런 항우에게 서운함을 느낀다. 결국 범증은 항우를 떠나게 되는데, 이는 항우에게 뼈아픈 실책으로 되돌아오고 만다.

형양 전투 이후 항우는 유방을 끊임없이 공격했고 유방은 계속 패하기만 했다. 하지만 괜찮았다. 유방에게는 든든한 한신이 있었기 때문이다. 한나라 명장 한신은 황허강 북쪽 땅에서 항우가 임명한 서위왕·상산왕·대왕·연왕·은왕을 차례로 쳐내고 옛 제나라 지역까지 모조리 손에 넣으며 승리를 이어갔다. 유방은 참 복도 많았다. 유방은 거의 모든 전투에서 힘을 못 쓰는 존재였지만 신하들의 활약에 힘입어 별걱정 없이 전투를 이어나갈 수 있었다.

이에 비해 항우는 부족한 식량과 오랜 전쟁에 지친 병사들을 다독이며, 홀로 전쟁을 치러야 하는 곤혹스러운 상황에 처했으니 책사 범증의 빈자리가 더욱 크게 다가왔다.

우야! 우야! 너를 어찌하면 좋단 말이냐

기원전 203년, 이러지도 저러지도 못하는 처지가 된 항우는 결국 유방에게 화해를 청하게 된다. 유방 역시 순순히 화해에 응하여 홍구(진 시황이 만든 운하)를 경계로 서쪽은 한나라가 동쪽은 초나라가 나눠 가지기로 약속하고 전쟁을 멈춘다. 이에 한숨 돌린 항우는 포로로 잡고 있던 유방의 아버지를 돌려보내고 초나라로 돌아갔다. 여기까지만 해도 일이 순조롭게 풀리는 듯 보였다. 하지만 유방의 신하인 장양과 진평은 유방과는 다른 생각을 하고 있었다. 두 사람은 이를 절호의 기회로 보았던 것이다.

"지금 한나라는 천하의 절반을 차지했고 제후들도 모두 우리 편입니다. 초나라 군사들은 식량도 떨어졌고 지쳐 있는 상태니 이 또한 하늘이 주신 기회입니다. 만약 지금 항우를 공격하지 않는다면 두고두고 큰 화근이 될 것입니다."

여기서 잠깐, 항우는 여러 번 유방을 죽일 기회가 있었고 항우의 책사인 범증도 누차 유방이 화근이 될 거라며 경고했지만, 항우는 그런 말에 귀 기울이지 않았다. 그러나 유방은 이들의 말을 진지하게 듣고 고개를 끄덕였던 것이다. 이것이 항우와 유방의 가장 큰 차이점이다.

유방은 곧바로 약속을 깨고 초나라군의 뒤통수를 사정없이 쳤다. 항우는 순간 당황했지만 싸움으로는 여전히 그가 한 수 위였다. 하지만 이번엔 유방도 만만치 않았다. 왜냐하면 든든한 후원군인 한신이 있었기 때문이다. 한신의 합류로 전세는 순식간에 변해버렸으니 드디어 초한전의 완결판인 '해하 전투'가 펼쳐지게 된다.

한신이 지휘하는 한나라 군대는 해하(가이샤)에서 매복하고 있다가 공격할 기회를 노렸다. 해하에 진지를 두고 주둔하고 있던 항우의 군대는 식량도 떨어졌고 군사 수도 적었다. 게다가 한나라와 제후들의 연합군에 겹겹이 둘러싸인 처지가 돼 난감하기 그지없는 상황이었다. 이에 적군에서는 또 다른 묘책으로 포위한 군사들에게 초나라 노래를 배우게 해 밤마다 초나라 노래를 부르게 했다.

이 전략은 초나라 군사의 사기를 떨어뜨리기에 충분했다. 오랜 전쟁으로 인한 피로감과 고향에 대한 그리움으로 초나라 군사들은 노래를 들으며 눈물을 흘렸다. 깊은 밤, 항우 역시 사방에

제3장 엄격한 법, 가혹한 세금에 몰락해가는 진나라

서 들려오는 초나라 노래에 깜짝 놀랐다. 많은 군사들이 항복한 것이 슬퍼 노래를 부르는 것이라고 오해한 것이다. 항우는 이 상황에 처한 자신의 감정을 노래에 담았다. 항우에게는 사랑하는 '우(虞)'라는 여인이 있었고, '추(騅: 오추마)'라는 말이 있었다. 항우는 울분을 삼키며 노래를 불렀는데 그 노래가 유명한 「해하가(垓下歌)」이다.

힘은 산을 뽑고 기운은 세상을 덮는데
상황이 불리하니 추야, 너마저 나서지 않는구나.

· 경극 〈패왕별희〉
패왕별희는 초한전을 배경으로 서초패왕 항우와 우희 간의 이별을 다룬 경극이다. 항우가 해하(가이샤)에서 사면초가에 빠져 패하자 우희는 자결하고 항우도 따라 죽는다는 이야기이다.

추도 나서지 않으니 어찌해야 하나

우야! 우야! 너를 어찌하면 좋단 말이냐.

이에 사랑하는 여인 우(우희)도 노래로 답하고 자살하는 장면을
경극으로 만들었다. 이것이 중국에서 사랑받는 〈패왕별희(覇王別
姬)〉이다. '패왕별희'란 서초패왕 항우와 사랑하는 여인 우희(虞姬)
의 이별 이야기라는 뜻이다. 그런데 우희의 자살은 민간에서 내
려오는 이야기일 뿐 『사기』에는 우희의 죽음에 관한 기록은 없다.

또한 우리는 이러지도 저러지도 못하는 곤혹스러운 상황에 처
했을 때 '사면초가(四面楚歌)'란 고사성어를 떠올린다. 사방에서
초나라 노랫소리가 들린다는 뜻으로 이 말은 바로 해하 전투에
서 생긴 말이다. 앞으로는 이 말을 사용할 때마다 항우의 곤혹스
러운 처지가 떠오르지 않을까?

내가 부족해서 패한 것이 아니었느니

그날 밤 항우는 800여 명의 기병과 함께 그곳을 빠져나갔고,
다음 날 그 사실을 알게 된 한나라군은 5,000명의 기병과 함께
항우를 뒤쫓았다. 쫓고 쫓겨 동성이란 곳에 이르렀을 때 항우에
게 남아 있는 기병은 28명뿐이었고, 그를 쫓는 한나라 기병은 수

천 명에 이르렀다.

이 위기를 벗어날 수 없음을 깨달은 항우는 부하들에게 말한다.

"나는 여덟 해 동안 70여 차례나 전쟁을 치르면서 이제껏 패한 적이 없었기에 패권을 차지할 수 있었다. 그러나 결국은 이런 곤경에 처하게 되었으니 이는 하늘이 나를 망하게 하려는 것이지 내가 싸움을 못 한 죄가 아니니라."

과연 항우답다. 그 말을 증명해 보이기라도 하듯, 항우는 그 상황에서도 마지막 힘을 다해 적장 두 명의 목을 베었다. 그러고는 기병 100여 명을 죽였는데 항우 쪽 피해자는 겨우 두 명뿐이었다. 이어 항우는 우장강이라는 곳에 이르는데, 그곳 촌장이 배를 대고 항우를 피신시키기 위해 기다리고 있었다. 그러나 항우는 하늘이 자신을 망하게 하려 하는데 강은 건너 무엇하겠느냐며 애마인 추를 맡기고 끝내 스스로 목을 찔러 자결했다. 그의 시신은 상금을 받기 위해 서로 치고받는 한나라 군사들에 의해 다섯 조각으로 찢겼으니 참으로 비참한 최후라 아니할 수 없을 것이다.

이렇게 항우가 세상을 떠나자 초나라가 차지했던 거의 모든 지역이 유방에게 항복했다. 그런데 유독 노나라 땅 사람들만이 절개를 지키려는 것인지 항복하지 않고 버텼다. 이에 유방이 항우의 목을 직접 보여주고 나서야 노나라의 항복을 받아낼 수 있었다고 한다. 유방은 그 절개를 가상히 여겨 항우를 노나라 땅인 곡성에 묻어주었으며, 그곳 사람들을 벌하지 않고 오히려 유 씨 성을 내려주었다고 한다. 비록 적이었지만 함께 싸운 전우로서 아량을 베푼 훈훈한 마무리였다.

한때 황제의 권력을 넘어서는 힘을 가졌던 항우는 혜성처럼 나타나 5년이란 짧은 시간 동안 자신을 불태우고 홀연히 사라졌다.

사마천은 항우에 대해 「항우본기」 마지막 부분에 이렇게 기록해놓았다.

"진나라가 정치적으로 혼란스러워지자 진승이 가장 먼저 난을 일으켰고 앞다투어 들고 일어난 이들이 한둘이 아니었다. 그러나 아무 세력도 없었던 항우가 시세에 힘입어 불같이 일어났고 3년 만에 천하를 평정해 다섯 제후를 봉하고 스스로 '패왕'이라고 불렀다. 비록 왕위는 끝까지 지키지 못했으나 고금 이래 이런 일은 처음 있는 일이었다. 항우는 초나라를 너무 사랑한 나머지 관중 땅을 버리고 초나라로 돌아갔고 의제를 내쫓고는 스스로 왕이 되었다. 그는 왕후들의 배신을 원망했지만 그렇게만 보기는 힘들다.

항우는 스스로 자신의 공을 떠벌리고 얕은수로 지혜를 삼았으며 옛것을 본받지 않고 패왕이라는 명분 아래 힘으로 천하를 다스리다 5년 만에 나라를 망하게 했다. 죽음이 임박해서도 깨닫지 못하고 반성하지 않았으니 이것이 잘못이다. 그런데도 '하늘이 나를 망하게 하려 한 것이지 내가 싸움을 못 하여 그러한 것이 아니다'라고 말하니 이 어찌 안타까운 일이 아니겠는가?"

04

나그네의 외투를 햇살로 벗긴 유방

기원전 202년, 한나라 고조(재위: 기원전 206~기원전 195) 유방은 한나라를 세운 지 5년 만에 해하 전투에서 항우를 꺾고 중국을 다시 통일하여 황제에 올랐다. 그는 가난한 농민 출신이고 한때는 건달이었다. 여자 좋아하고 술 좋아하며 자존심 같은 것은 저기 멍멍 개에게 맡겨놓을 정도로 비굴한 모습도 서슴지 않고 보여주는 인물이라고 전해진다.

그렇다면 이렇게 별 볼 일 없던 그가 진나라를 멸망시킨 항우를 이기고 천하의 중심에 우뚝 설 수 있었던 비결은 무엇이었을까? 『사기』「고조본기」를 보면 그 비결을 알 수 있다.

• 한 고조

고조는 전한 제1대 황제이다. 그는 함께 고생한 이들의
마음을 헤아리며, 이익을 나눴다. 그 덕분에 천하의 주인
이 될 수 있었다.

진나라 사람들은 소고기·양고기·술·음식을 유방의 군사들에게
대접하려 했다. 유방은 사양하며 창고에 먹을 것이 많아 모자라지
않으니 백성에게 민폐를 끼치고 싶지 않다고 대답했다. 이를 들은
백성은 기뻐하며 유방이 진나라 왕이 되지 못할까 근심했다.

유방이 진나라의 셴양을 점령했을 때 진나라 백성에게 취한
행동이다. 점령지마다 약탈과 방화를 서슴지 않고 항복한 포로
를 생매장했던 항우의 행동과 비교해보면 민심이 누구에게 향했
을지 짐작할 수 있는 대목이다. 진승과 오광의 난을 시작으로 전
국에서 일어난 봉기에 합류한 유방은 이런 식으로 포위한 성의

태수에게 투항을 약속받고 그에게 성을 지키게 한 후 군사를 이끌고 서쪽으로 향했다. 결국 아직 항복하지 않은 태수들도 이 소식을 듣고는 앞다투어 성문을 열어놓고 기다렸다고 한다.

이렇게 항우와 유방의 대결은 나그네의 옷을 벗기려는 해와 바람의 대결을 보는 듯하다. 결국 두 사람의 대결은 따스한 볕을 쪼여 나그네의 옷을 벗긴 해의 승리처럼 온화하게 관용을 베푼 유방의 승리로 돌아갔다.

세상을 집어삼킬 관상이로다

고조 유방은 장쑤성 페이현 출신으로 아버지는 태공(太公), 어머니는 유온(劉媼)이라는 여인이다. 그는 아주 평범하다 못해 가난한 농민 출신이었음에도 재미난 탄생 설화가 있다.

어느 날 유온이 커다란 연못 옆에서 쉬다가 깜빡 잠이 들었는데 꿈속에서 신을 만나 사랑을 나누게 되었다. 그런데 이때 갑자기 사방이 어두워지면서 천둥과 번개가 쳤다. 이때 그 곁을 지나던 태공이 자신의 부인인 유온의 몸 위에 있는 용을 보게 되었고 얼마 후 낳은 아이가 유방이었다고 한다.

우리 시조들의 탄생 설화에는 알이 많이 나오는데 유방의 탄생 설화에는 용이 등장한다. 그래서 그런지 유방의 얼굴은 용을 닮았고 허벅지에는 72개의 검은 점이 있었다고 한다. 용을 닮은 얼굴, 유방의 타고난 관상 덕분에 가진 것도 없고 신분도 미천했 던 그가 당대의 관상가 여공(呂公)의 딸과 결혼할 수 있었으니 그 탄생 설화 덕을 톡톡히 본 것은 아닐까?

성격 좋기로 소문난 그였지만 품은 뜻이 워낙 컸기에 일반 사 람들처럼 부지런히 일해서 먹고 살려 하지 않았다. 술과 여자를 좋아했고 관리들을 따라다니며 외상술을 마시고 취하면 아무 데 나 누워 자는 일이 다반사였다. 거칠게 살아와서 그런지 입이 걸 어 면전에서 소리 지르고 욕을 하며 자신의 감정을 드러내는 일 은 황제가 되어서도 고쳐지지 않았다.

하지만 겉으로는 거친 말을 하고 거친 행동을 보였지만 정작 함께 고생한 이들을 헤아리는 마음이 깊고, 공로는 함께한 이 들에게 돌리며, 이익을 함께 나눴던 점은 항우와 달랐다 할 수 있다.

『사기』 중 「고조본기」에 유방의 이런 면모를 확인할 수 있는 구절이 있다.

"폐하는 거칠고 면전에서 다른 사람을 모욕하는 일이 많지만 항 우는 예의에 어긋나지 않게 겉으로는 인자하면서도 자상합니다.

그러나 폐하는 공을 세운 이에게는 그 공로를 인정해주는데 항우
는 남이 세운 공을 시기하고 그 공로를 제대로 인정해주지 않습
니다. 이것이 항우가 패한 까닭입니다."

결과론적으로 유방은 성공하고 항우는 실패한 인물이어서 이
렇게 쓰인 것인지, 정말 객관적인 사실이 그러한지 확신할 수는
없다. 하지만 기록으로만 보자면 유방이 항우를 제압하고 황제
가 된 것은 당연한 일처럼 받아들여진다.

한때는 동료요, 지금은 적이로다

유방은 인복이 많았다고 앞에서도 얘기한 바 있다. 실제로 유
방 주변에는 많은 인재가 있었다. 유방 주변에는 장양·소하·조
참·번쾌·한신·경포·팽월·노관 등 헤아릴 수 없을 정도로 쟁쟁
한 인재들이 수두룩했다. 이들이 작정하고 도왔기 때문에 유방
은 중국을 재통일할 수 있었다. 이런 공로로 이들은 땅을 하사받
고 제후가 되었다.

그런데 이렇게 함께한 동지들이 하나같이 유방이 황제가 되
고 얼마 되지 않아 역모를 꾸미거나 일으킨다. 이로 인해 한신·경
포·팽월은 죽임을 당하고 번쾌만이 구사일생으로 목숨을 건진다.

• 장양과 한신

장양(왼쪽)과 한신(오른쪽)은 한나라 건국 공신이다. 소하와 함께 한나라 창업 삼걸(三傑)로 불린다. 장양은 한 제국 건국 후 제후가 되고, 한신은 초왕에 봉해졌으나 여 태후에게 살해되고 만다.

물론 실제로 역모를 모의했는지 억울하게 누명을 뒤집어썼는지 는 모르겠지만 어쨌든 많은 이들이 유방을 떠나게 된다. 동지들의 배신 소식을 접하고 이들을 처리하면서 유방은 허한 마음을 노래 에 담았다고 한다.

큰 바람이 일고 구름이 날아오르니

위엄을 갖추고 천하를 얻어 고향에 돌아왔건만

어찌하면 맹사를 얻어 사방을 지키게 할 수 있으리오.

「대풍가(大風歌)」라고 자신의 고향인 패현에 들러 잔치를 벌이던 중 직접 축을 연주하며 지어 부른 노래다. 유방이 한나라 왕에 오른 지 12년 되던 해에 역모를 일으킨 경포를 토벌하기 위해 친히 나섰다가 돌아가는 길에 부른 노래로 해하 전투에서 항우가 지은 「해하가」와 더불어 많이 알려졌다.

이때 유방은 전투에서 맞은 화살에 부상당한 상태였다. 유방은 술이 거나하게 취해 춤추다가 슬피 한탄하며 눈물을 흘렸다고 한다. 물론 부상으로 인해 몸이 좋지 않기도 했지만 믿었던 신하들의 잇따른 역모와 죽음에 비통하고 절박한 마음에서 나온 노래가 아니었을까 싶다. 유방은 이 노래를 부르고 7개월 후에 결국 부상 후유증으로 세상을 떠나고 만다. 권력의 무상함을 다시 한번 느낄 수 있는 대목이다.

05

중국을 다시 통일시켰지만 휘청거리는 한나라

한나라는 시안을 도읍으로 정하고 군국제를 시행하여 나라를 다스렸다. 군국제란 봉건제와 군현제를 절충한 제도로 봉건제로 멸망한 주나라와 군현제로 멸망한 진나라의 문제점을 파악하여 장점만을 취한 제도이다. 군국제는 시안을 중심으로 15개 군은 황제가 직접 다스리고 그 밑에 현을 두고, 143명의 제후에게는 땅을 주어 그 땅을 다스리게 했던 통치 제도이다. 군국제는 이후 한 무제(재위: 기원전 141~기원전 87) 때 다시 군현제로 바뀐다.

모반인가? 토사구팽인가?

고조 유방은 통일 후 각지에서 통일 제국을 세우는 데 함께했던 동지들의 반란이 이어지자, 이참에 제국을 위협할 가능성이 있는 인물을 숙청하기 시작했다. 그럼 고조는 어떻게 동료였던 제후들을 제거할 수 있었을까?

먼저 통일 직후 왕으로 봉한 주요 인물은 다음과 같다.

연왕 (장도)	회남왕 (경포)	대량왕 (팽월)	초왕 (한신)	한왕 (신)	장사왕 (오예)	조왕 (장오)	임강왕 (공오)
남월왕 (위타)	강후 (주발)	유후 (장양)	갱힐후 (유신)	대왕 (유중)	오왕 (유비)	형왕 (유가)	

기원전 202년 10월, 연왕 장도가 반란을 일으키자 고조는 직접 출병하여 연왕 장도를 사로잡고 태위 직의 노관을 연왕으로 세운다.

다음 해 12월, 초왕 한신이 역모를 꾸몄다는 제보가 들어오자 고조는 정면 승부를 피하고 한신을 회음후로 강등시켜버린다. 회음후는 회음(화이인) 땅의 제후로 왕보다는 낮은 작위였다. 한신이 죽기 전의 작위가 회음후였기 때문에 한나라 명장인 한신에 대한 기록은 『사기』의 「회음후열전」에 기록돼 있다.

이후 회음후 한신은 고조가 원정 중일 때 또다시 역모를 꾸몄다는 혐의로 장락궁 뜰에서 허리가 끊겨 죽는다. 이 일은 실제로 모의했다기보다는 그를 위험인물로 여긴 고조의 부인 여 태후와 고조의 신하인 소하의 계략에 의해 희생됐을 것이란 견해도 있다. 어쨌든 원정 중에 한신의 처형 소식을 들은 고조는 매우 슬퍼했다고 한다.

다음 해 봄 양왕 팽월 또한 모반을 일으켜 삼족이 모두 죽임을 당했고, 가을에는 회남왕 경포가 모반을 일으키니 고조는 경포를 직접 공격하는 와중에 화살에 맞아 상처를 입게 된다.

장도·한신·팽월·경포 등이 실제로 역모를 일으키려 했는지 고조가 위협 세력으로 판단해 토사구팽한 것인지는 의견이 분분하지만, 아무튼 그는 이때 입은 상처가 악화되어 목숨을 잃게 되었으니 참으로 씁쓸할 따름이다.

고조는 이렇게 많은 공신과 왕을 숙청한 후 그 자리에 자신의 자식과 형제를 앉힌다. 그는 특별히 백마 한 마리를 죽여 제물로 바치며, "유 씨 성이 아닌 자가 왕이 되면 천하가 모두 그를 공격할 것이다"라고 선포한다. 피를 나눈 가족만은 절대 배신하지 않으리라 생각했는지도 모른다.

하지만 이런 조치에도 한나라 제6대 황제인 경제(재위: 기원전

157~기원전 141)가 통치하던 시기에 유 씨의 7개 나라가 연합하여 반란을 일으키니, 권력에 대한 욕심은 단지 혈연 문제만은 아닌 듯하다.

흉노는 형, 한나라는 아우

진나라의 몽염 장군에게 오르도스 지역을 뺏기고 북쪽으로 밀려나야 했던 흉노족은 중국 본토가 초한전으로 정신이 없자 세

• 초한전
초한전은 기원전 206년 진나라의 멸망 후 서초패왕 항우와 유방이 5년에 걸쳐 벌인 전쟁이다. 한신의 계략으로 사면초가에 빠진 항우의 병사들이 한나라에 전면 투항하는 바람에 결국 유방이 승리한다.

력을 모으고 힘을 키운다. 그리고 한나라 초기에 흉노족의 통치자였던 묵돌 선우(재위: 기원전 209~기원전 174)는 강력한 군사력을 동원해 중국을 위협하기에 이른다.

묵돌은 시황제와 몽염이 죽은 후 오르도스 지역을 다시 찾은 흉노족 추장인 두만의 맏아들이다. 묵돌은 전처의 아들이었는데 두만은 자신의 자리를 묵돌이 아닌 후처의 어린 아들에게 물려주고 싶어했다. 두만은 걸림돌이 되는 묵돌을 월지에 인질로 보내고 나서 즉각 월지를 공격해버린다. 한마디로 손 안 대고 아들을 처리하겠다는 심보였다. 하지만 묵돌은 위기를 모면하고 오히려 명마를 훔쳐 아버지에게로 돌아온다.

이에 두만은 아들의 용맹함을 칭찬하고 태자로 삼아 1만 기병을 지휘하게 했다. 하지만 묵돌은 아버지에 대한 서운함과 원망을 가슴에 품고 있었다. 그는 명적이란 이름의 소리를 내며 날아가는 화살을 발명하여 부하들에게 자신이 명적을 날리면 일제히 그 방향으로 화살을 쏘도록 훈련시켰다. 이 훈련은 혹독했고 자신이 쏜 명적을 따라 화살을 쏘지 않는 부하의 목은 가차 없이 날려버렸다. 그가 이런 훈련을 했던 이유는 아버지인 두만 추장에게 복수하기 위함이었으니, 결국 두만은 아들과 부하들이 쏜 화살에 맞아 죽었다. 참으로 그 아비에 그 아들이라 할만하다.

이렇게 묵돌은 아비를 죽이고 추장의 자리에 올랐고 스스로를 '선우(흉노 말로 왕을 의미함)'라고 칭했다. 이후 선우라는 호칭은 쭉 이어진다.

묵돌 선우는 사방으로 영토를 확장하여 그 면적이 당시 중국 영토보다 컸으며 자신들을 중국 하 왕조의 후예라고 주장했다. 그는 이를 핑계로 중국을 침략하기 시작했는데 이때부터 본격적으로 중국을 괴롭히기 시작한다. 이렇게 북방 민족은 2,000년 가까이 중국의 골칫덩어리가 되었다.

한편 이런 흉노의 위협은 고조에게도 무척 신경 쓰이는 일이었다. 그는 흉노를 견제하기 위해 한왕 신(信)을 북방에 배치하고 그들을 토벌하려 했지만, 신은 오히려 흉노의 기세에 지레 겁을 먹고 화해하려 애썼다. 이를 안 고조는 불같이 화를 냈고 이에 겁을 먹은 신은 결국 흉노로 도망가버렸다. 묵돌은 투항한 신을 앞세워 한의 영토였던 대를 공격했고 평성에까지 이르게 된다.

그러자 기원전 201년, 고조는 32만 대군을 이끌고 흉노를 막기 위해 친히 출격한다. 한나라와 흉노, 잘나가는 신생 세력들이 맞붙은 것이다. 묵돌은 처음엔 겁먹고 도망치는 작전으로 한나라 군사들을 유인했다. 그리고 마침내 백룡산에서 한나라 군사들을 둘러싸고 7일간이나 옴짝달싹 못 하게 했으니 혹독한 추위에 군사들은 손발이 떨어져나가고 식량마저 바닥나는 지경에 이른다.

고조는 묵돌의 부인인 연지(흉노의 왕비를 '연지'라고 칭함)에게 보물을 바치고 어렵게 포위망을 뚫고 시안으로 도망쳤으니, 빠져나가는 재주 하나만큼은 기가 막혔다. 이렇게 한과 흉노의 첫 대면은 흉노의 승리로 끝나게 된다.

이때 맺은 화친 정책으로 고조는 묵돌에게 한나라 황실의 여인을 선우의 아내로 보내야 했고, 매년 솜·비단·술·쌀 등을 바쳐야 했으며, 흉노와 형제의 맹약을 맺어야 했다. 물론 흉노가 형이고 한나라가 아우였다. 중국은 오랑캐라고 무시했던 흉노족의 아우가 되었으니 얼마나 기가 막혔을까 싶지만 이러한 화친정책은 쭉 이어져 송, 명 시대에도 중국이 북방민족을 대하는 중요한 수단이 되었다. 체면보다는 일단 피하고 후일을 도모하는 것이 더 현명한 선택이라고 판단했던 것이다.

이후 고조가 죽고, 제2대 황제인 혜제가 즉위하는데 오만방자한 묵돌은 황 태후인 여치(呂雉)에게 편지 한 통을 보낸다.

"들자 하니 당신의 남편이 죽었다는데 나 역시 홀아비 신세니 둘이 합치면 흉노와 중국은 한 집안이 되지 않겠소? 내가 기꺼이 받아주리다."

흉노의 힘이 절정이었던 당시 흉노와 한의 관계를 적나라하게
알 수 있는 대목이다.

중국 3대 악녀 여 태후, 『사기』 「본기」에 이름을 올리다.

여 태후는 성은 '여' 씨요 이름은 '치'이다. 고조 유방의 정식
황후로 용을 닮은 유방의 관상만 믿고 흔쾌히 유방을 사위로 결
정한 관상가 아버지에게 등 떠밀려 시집온 여인이다. 아무것도
없는 유방에게 시집온 여치는 혼란의 시기에 전장에서 함께 싸
우며 제국을 완성하는 데 공을 세운 기 센 여인이었다. 유방이 죽
고 그녀의 아들인 유영이 즉위하니 그가 바로 제2대 황제 혜제
(재위: 기원전 195~기원전 188)이다.

여 태후는 어린 나이에 황제로 즉위한 아들 대신 실질적으로
제왕 역할을 수행했다. 통일 후 전란을 수습하여 사회를 안정시
키고 경제를 활성화시켰다는 점을 긍정적으로 평가한 사마천은
제왕들의 일대기만 기록한 「본기」에 과감히 그녀의 이름을 올렸
다. 그러나 「본기」에 이름을 올리는 영광을 누렸음에도 세간의
사람들은 대부분 여 태후를 황실을 농단한 표독하고 간사한 여

- **여 태후**
  한 고조 유방의 정부인이자 중국 역사상 3대 악녀로 꼽히는 인물로 유방 사후 한나라의 실질적인 권력자로서 15년간 한나라를 통치했다.

인으로 평가한다. 여 태후는 왜 그런 평가를 받아야 했을까?

말년에 고조는 후계자 문제로 고민이 많았다. 고조는 황후인 여치보다 후궁인 척 부인을 더 사랑했기 때문이다. 부인이 사랑스러우면 그 자식은 더 사랑스러운 법. 고조는 태자 영보다 척 부인의 아들인 여의를 더 예뻐했고 태자로 삼고 싶어했다. 이런 고조의 마음을 읽은 여 태후는 장양에게 도움을 청해 막강한 네 명의 학자를 동원해 태자를 지키게 했다.

이런 와중에 고조는 예순셋 나이로 세상을 뜨고 열다섯인 태자 영이 즉위한다. 그러자 태자가 어리다는 구실로 여 태후가 섭정했고, 그녀가 가장 먼저 처리한 일은 눈엣가시였던 척 부인과 여의를 처단하는 것이었다. 여 태후는 척 부인의 머리를 깎고 자살방지용 재갈을 물려 영항(죄 있는 궁녀를 가두는 곳)에 가뒀다. 그리고 조왕에 봉해진 여의를 온갖 구실을 동원해 시안으로 불러들인다.

혜제는 자신의 어머니가 여의를 해치려 한다는 것을 눈치채고 여의를 보호하려 애썼지만 결국 여의는 독살당하고 만다. 여의를 없앤 여 태후는 척 부인의 두 손과 두 다리를 모두 자르고 눈을 뽑고 귀를 지졌으며 벙어리로 만들어 돼지우리에서 살게 했다. 그리고는 '사람돼지'라 부르며 사람들의 구경거리로 삼았으니 여 태후의 질투심과 잔악함이 어느 정도였는지 알 수 있다. 역시 중국 3대 악녀다운 행동이 아닐 수 없다. 이 사실을 목격한 혜제는 그날로 드러누워 거의 1년을 앓다가 겨우 일어난다. 하지만 그 후 혜제는 모든 것을 포기한 듯 나랏일은 제쳐두고 술과 여자에 취해 휘청거리며 지낸다. 결국 그는 재위 8년 만에 스물셋의 나이로 요절하고 만다.

혜제의 황후인 효혜 황후에게는 아들이 없었다. 후사가 없는 것을 두려워한 여 태후는 황후가 임신한 척 거짓으로 꾸민다. 그

	황제 이름	재위 기간		황제 이름	재위 기간
제1대	고조(유방)	기원전 206~기원전 195	제4대	소제(유흥)	여 태후 통치
제2대	혜제(유영)	기원전 194~기원전 188	제5대	문제(유항)	기원전 179~기원전 157
	여 태후(여치)	기원전 187~기원전 180	제6대	경제(유계)	기원전 156~기원전 141
제3대	소제(유공)		제7대	무제(유철)	기원전 140~기원전 87

• 한나라 황제 계보(고조~무제)

리고 궁녀가 낳은 아이를 빼앗아 황후의 아이로 속여 태자로 삼고는 생모는 죽여버린다. 후에 후계자가 된 유공이 이 사실을 알고는 복수하고자 결심하지만 바보같이 태후에게 말실수해 이런 속마음을 들키고 만다.

분란의 씨앗이 될 소제(재위: 기원전 187~기원전 184)를 가만히 둘 태후가 아니었다. 태후는 유공을 폐위시키고는 몰래 독살시켜버린다. 그리고 유흥을 다음 황제로 올리지만 실질적인 권력은 여전히 여 태후가 행사했다. 이로써 이후 15년간 한나라는 여 태후와 그녀의 오라비 여록과 여산의 세상이 된다.

그 후에도 황족인 유 씨의 수난은 계속 이어져 조왕으로 봉해진 유우는 왕후로 들인 여 씨 집안의 딸을 총애하지 않았다는 이유로 모함을 받는다. 결국 그는 시안의 성에 감금되어 굶어 죽기에 이른다. 유우는 죽어가며 이렇게 울부짖었다고 한다.

"여러 여 씨들이 마음대로 나라를 흔들어 유 씨가 위험에 빠지니 나에게 억지로 부인을 주며 사랑하라 하네. 질투심에 눈이 먼 내 아내가 나를 모함하니, 여자들의 험담이 나라를 어지럽히건만 황상은 전혀 모르고 있으니 이를 어찌하면 좋단 말인가.
내겐 어찌 충신이 없는가? 어찌 나라가 이 모양이 되어버렸는가?
들판 한가운데서 자결하면 하늘이라도 알아주련만, 차라리 일찍 목숨을 끊어버릴 것을 왕이 되어 굶어 죽어가니 누가 믿으리오.
여 씨는 하늘의 이치를 어겼으니 반드시 죽어서라도 보복할 것이다."

유우 대신 새로 조왕이 된 유희 역시 여산의 딸을 왕후로 맞았다. 하지만 그가 다른 여자를 사랑했다는 이유로 여 씨 사람들이 애첩을 독살하고 마는데, 이에 슬픔을 이기지 못한 왕은 스스로 목숨을 끊는다. 그야말로 여 태후의 집권 시기는 유 씨의 수난 시대였다. 여 태후는 이런 악한 행동 때문에 중국 3대 악녀(전한의 여 태후·당의 측천무후·청의 서 태후)에 이름을 올린다.

하지만 피비린내 나는 황실 세계와는 달리 전쟁이나 대규모

공사를 줄이는 정책 등으로 백성들의 삶은 평화롭고 안정되어 갔으며 형벌이 심하지 않아 죄인이 줄어들었다는 평가를 받기도 했다. 여 태후의 기록이 『사기』 「본기」에 오른 것은 통일은 되었지만 전쟁으로 황폐해진 한나라를 회복시키기 위해 노력한 여 태후를 사마천이 인정했기 때문은 아닐까?

기원전 180년, 평생 그 자리에 있을 것처럼 극악을 떨던 여 태후가 갑작스럽게 병으로 세상을 뜨자 나라는 일대 혼란에 빠졌으며 유 씨들이 앞다투어 들고 일어나게 된다. 그리고 바지황제였던 유홍을 폐위시키고 유방의 네 번째 아들인 유항을 황제 자리에 올리니, 그가 한나라 다섯 번째 황제인 문제(재위: 기원전 180~기원전 157)이다.

이로 인해 고조 유방의 한나라는 태평성대를 맞을 준비를 하기 시작했고, 여 태후 때문에 위태했던 유 씨들은 심기일전하며 다시 기지개를 켜기 시작했다.

'토사구팽'과 '배수진'은
어떻게 생겨난 말일까?

狡兔死良狗烹(교토사량구팽)

교활한 토끼를 사냥하고 나면 좋은 사냥개는 삶기게 된다.

줄여서 '토사구팽(兎死狗烹)'이라 한다.

한신은 원래 항우의 부하였지만 그가 인정해주지 않자 유방의 부하가 되었다. 뛰어난 명장으로 초한전의 정점인 해하 전투에서 맹활약을 펼쳐 유방을 황제로 만든 일등공신이기도 하다.

하지만 전쟁이 끝나자 한신의 전투력은 거꾸로 유방에게 위협으로 다가왔다. 계속되는 모함에 한신은 왕에서 회음후란 제후로 강등되었다가 결국 허리가 잘리는 형벌인 요참형을 당하게 된다. 한신은 필요할 땐 취하고 필요 없을 때는 버려지는 자신의 처량한 처지를 삶겨지는 사냥개에 빗대 표현하며 한탄했다.

背水陣(배수진)

강을 등지고 싸우면 도망갈 길이 없다.

진제국이 무너져갈 즈음 각 지역의 반란군 세력이 항우와 유방으로 나뉘자 반란군 토벌을 위해 유방은 한신을 보냈다. 조나라의 반란군을 토벌하기 위해 한신은 다음과 같이 명한다.

"기습대원 2,000명에게 붉은 깃발을 하나씩 주고 적의 성 가까이에 대기시켜라. 주력군은 산기슭의 강을 등지고 싸움에 임한다. 이를 적군이 보면 반드시 성을 비우고 공격할 것이다. 그 틈을 이용해 기습대원은 성으로 들어가 한나라의 붉은 깃발을 꽂아라."

조나라 군사들은 퇴로가 막힌 채 싸우는 한나라군을 비웃으며 성에서 달려 나왔다. 후퇴할 길이 없어 죽기를 각오하고 싸우는 한나라군을 보고 당황한 조나라군은 다시 성으로 향했지만 성에는 이미 붉은 깃발이 펄럭였다. 성이 점령당했다 판단한 조나라 군사들은 각자 흩어져 도망가기 바빴다. 한신은 더 이상 물러설 수 없는 사지에서 군사들이 필사의 노력을 기울여 싸울 것이라는 걸 간파하고 있었던 것이다.

여 태후와 척 부인,
누구에게 돌을 던질 수 있을까?

'조강지처'라는 말이 있다. 힘들고 어려울 때 함께 고생하고 곁을 지켜준 아내를 가리키는 말이다. 여 태후(여치)는 한 고조 유방의 조강지처다. 술주정뱅이에 건달이었던 유방에게 시집온 여치는 홀로 농사일과 집안일을 책임지며 시부모님을 모시고 어린 딸을 키워야 했다. 심지어 유방이 관리로 있을 때는 술에 취해 죄수들을 놓치고 벌을 받을까 두려워 산속으로 도망갔던 일도 있었다. 이때 그녀는 남편 대신 잡혀가 고초를 겪었고, 항우에게 인질로 잡혀 이리저리 끌려다니기도 했지만 남편이 전쟁에서 승리할 수 있도록 최선을 다해 도왔다.

하지만 황제가 된 후 유방은 조강지처인 여치를 점점 소홀히 했다. 이런 그녀에게 유일한 위안은 자식들뿐이었다.

그런데 그런 여치에게 너무나 버거운 상대가 나타났다. 척 부인(척희), 그녀는 좋은 집안에서 자란 귀하고 사랑스러운 여인이었다. 황제의 총애를 한 몸에 받은 척희는 세상이 모두 제 것인 줄 알았다. 마침내 척희는 자신이 황후가 되고 아들인 유의가 황태자에 오르는 게 당연한 일이라고 생각하게 되었다.

척희는 여치를 공격했다. 척희는 여치의 사위인 노원 공주의 남편까지 모함하여 자리를 빼앗고, 그 자리에 자기 아들인 유의를 앉혔다. 게다가 노원 공주를 흉노족에게 시집보내려고 유방을 닦달했고, 유영을 전쟁터에 보내 자연스럽게 제거하려고 했다. 자식이 전부였던 여치는 황후가 지녀야 할 자존심까지 모두 내팽개치고 온몸을 다해 이 모든 것을 막아내며 참고 또 참으며 살았다.

그런데 자신에게 냉정했던 남편이 드디어 죽었다. 여치는 남편을 빼앗은 것도 모자라 목숨보다 소중한 자식들까지 궁지로 몰아넣은 척희를 도저히 용서할 수 없었을 것이다. 결국 여치는 갈아 마셔도 시원치 않을 척희를 '사람돼지'로 만들어버리고 만다.

'역지사지'란 처지를 바꾸어 생각한다는 고사성어이다. 만약 여 태후와 척 부인이 역지사지의 마음을 갖는다면 서로 어떤 위로의 말을 해줄 수 있을까?

고조 유방이 다시 천하를 통일했지만 전쟁의 피해는 컸다. 많은 사람이 죽었고 땅은 황폐해졌으며 백성은 살기 힘들어졌다. 황제조차 자신이 타는 수레의 말 색깔을 하나로 통일할 수 없을 정도로 말이 귀했으니 신하들은 당연히 말이 아닌 소가 끄는 수레를 타고 다녀야 했다. 한나라 초기에는 이렇게 무너진 나라 살림을 튼튼히 하는 데 애썼다. 그러기 위해선 백성을 편안하게 해주는 정책들이 필요하다고 판단했고 고조가 죽은 후에도 그러한 정책은 계속 유지됐다.

기원전 179년, 여 태후의 죽음 이후 일어났던 여 씨들의 반란을 진압하고 어질고 검소한 유방의 넷째 아들 유항이 황제로 즉위하니 이때부터 한나라는 안정을 찾기 시작했다.

제4장

한족과 한자의 긍지,
문제·경제·무제의 한나라

01

깨끗한 정치·안정된 사회·
든든한 경제의 시대, 문경지치

한나라 이후 후세의 황제들이 통치자로서 자신을 뒤돌아볼 때
하는 말이 있다고 한다. '내가 지금 한의 문제만큼 나라를 잘 다
스리고 있는가?' 그만큼 한나라 문제는 황제들 사이에서 롤모
델이었다. 근검절약을 몸소 실천하며 백성들의 부역을 줄여주고
12년간이나 조세를 받지 않았다고 하니, 아마도 백성들은 콧노
래가 절로 나왔을 것이다. 뒤이어 아들인 유계(경제)가 즉위했는
데, 그 역시 아버지의 정책을 이어받아 뛰어난 지도력을 발휘했
다. 부자가 다스린 40여 년의 시기(기원전 179~기원전 141)를 안정되
고 복 받은 시기, 문제와 경제가 다스린 시대라 하여 '문경지치(文

• **한 문제, 한 경제**
 문제(왼쪽)와 경제(오른쪽)는 근검절약을 실천하며 백성에게 부역을 줄여줌으로써 황제의 귀감이 되었던
 황제들이다. 아버지 문제에 이어 아들 경제가 다스렸던 시기를 '문경지치'라 한다.

景之治)'라 하였다.

백성들에게 휴식을 주어라

왕이 백성을 가장 행복하게 해주는 방법은 무엇일까? 바로 배부르게 해주고 전쟁에 동원하지 않으며 성을 쌓거나 다리를 놓는다고 불러다 일을 시키지 않는 것이다. 한 문제는 백성을 행복하게 해주는 방법을 정확히 아는 통치자였다.

먼저 백성들을 배부르게 해주기 위해 토지에 대한 세금(조세)

을 깎아주었다. 한나라 초기에 유방은 조세를 진나라 때의 15분의 1로 줄였는데, 문제는 즉위한 다음 해 30분의 1로 더 줄였고 말년에는 12년 동안 아예 조세를 받지 않았다. 이 정책은 이후에 즉위한 경제 때에도 역시 마찬가지였으며 30분의 1에 해당되는 조세만 거두었다. 그리고 이 수준은 전한 말기까지 계속 유지되었다.

이 밖에도 농사 기술을 발전시키고 가난한 농민에게 씨앗을 빌려주었으며 곡식값이 떨어지지 않도록 조정하기도 했다. 게다가 문제는 친히 농사를 지어 백성들에게 모범을 보였다고 하니 실천하는 통치자의 전형이었다 할 수 있다.

다음으로 백성의 마음을 편하게 해주는 것은 무엇일까? 바로 자신의 생업에 집중할 수 있도록 나라에서 데려다 일을 시키지 않는 것이다. 백성들은 전쟁이 일어나면 병사로 동원(군역)되어야 하고, 나라에 큰 공사가 있으면 노동자(부역)로 불려가 일을 해야 했다. 한창 농사에 집중해야 할 시기에 부역에 동원되기라도 하면 참으로 난감했다. 그래서 1년에 한 번씩 한 달 동안 의무적으로 해야 했던 부역을 3년에 한 번으로 줄여주었으며, 부역 시기도 농번기를 피해 시행했다. 이리하여 백성들은 즐겁게 농사에 전념할 수 있었다.

가혹한 형벌 또한 폐지하여 백성을 편안하게 해주었다. 이 또한 백성을 행복하게 해주는 방법이었다. 엄격한 법을 적용했던 진나라는 많은 백성을 범법자로 만들었고 잔인한 형벌을 집행했으니 이것이 나라를 망친 원인이라 이야기하는 이들이 있을 정도였다.

한 사람의 잘못으로 인해 가족 모두가 죽거나 노비가 되는 연좌제를 없앴으며, 코를 베거나 발을 자르거나 얼굴에 글씨를 새기는 육형(肉刑: 신체를 훼손시키는 형벌) 역시 폐지했다. 발을 자르는 벌은 곤장 500대로, 코를 베는 벌은 곤장 300대로 대신했다. 솔직히 이 또한 만만치 않은 형벌이었다.

세금과 부역을 줄여주고 형벌을 완화해주는 정책들은 백성을 행복하고 편안하게 해주었다. 또한 인구는 늘고 경제는 발전하는 결과를 가져왔다.

짐이 먼저 실천하리라

문제와 경제는 도덕적이고 백성을 사랑하고 근검절약을 중요시한 군주로 평가받는다. 23년 동안 황제 자리에 있었던 문제는 자신과 가족에게 엄격했고, 이를 보고 배운 아들 경제 역시 검소함을 몸소 실천하는 군주였다. 문제는 재위기 동안 궁궐과 정원을 짓지 않았고 새 수레도 타지 않았다. 옷은 항상 무늬 없는 검은 비단옷을 즐겨 입었고 애첩인 신 부인에게조차 땅에 끌리지 않는 치마를 입도록 했다니 백성들이 어떻게 본받지 않을 수 있었겠는가?

문제는 다음과 같은 말을 유언으로 남겼다.

"짐이 죽으면 거마와 의장병을 많이 세우지 말고 장례에 참석하는 사람의 의관도 검소하게 하라. 그리고 복상 기간을 줄이고 복상 중에도 결혼과 제사를 제한하지 말고 술과 고기도 금하지 말라. 짐의 능묘는 산기슭에 조그맣게 만들고 금·은·동·옥 대신 모두 소박한 도자기를 사용하라."

병마용갱과 어마어마하게 거대한 여산릉에 묻힌 진의 시황제와는 참으로 비교되는 대목이다. 두 황제 모두 역사에 큰 획을 그은 인물로 평가받는다. 진 시황은 후대의 자손들에게 문화적 유산을 남겨주었고, 한 문제는 당대의 백성들에게 풍요로운 삶을 주었으니 무엇이 더 옳다고 말하기는 어렵다. 하지만 이타적인 삶을 살았던 한 문제의 손을 들어주고 싶은 것이 솔직한 심정이다.

문경지치의 핵심은 바른 정치를 실행했다는 점이다. 형식에 얽매이지 않고 능력 있고 참신한 신인을 등용하려 노력했으며 모반 사건을 일으킨 제후국들과의 갈등도 무력으로만 해결하지 않으려 애썼다.

문제와 경제가 다스린 40여 년은 풍요로운 시대였다. 나라의 창고에는 돈이 넘쳐나고 곡식이 쌓여 썩을 정도였으며 관리들과 상인에 이르기까지 많은 이들이 말을 타고 다녔다고 한다. 한나라 초기 소가 끄는 수레를 타고 다녀야 했던 모습과 비교해보면 엄청난 변화와 발전을 이뤘음을 알 수 있다. 하지만 오해하지 말아야 할 것은 모두가 입을 모아 태평성대였다 하더라도 여전히 많은 농민은 가난한 생활에서 벗어날 수 없었다. 왜 태평성대에도 대다수의 농민은 가난에서 벗어날 수 없었을까?

백성들을 무위로 다스리려는 정책(인위적인 제재를 가하지 않는 정책으로 '황로 정치'라고도 함)은 백성에게 휴식을 주어 인구와 생산력을 발달시키는 힘을 발휘했지만, 귀족들과 부농들 역시 간섭하지 않았기 때문이다. 이러한 정책은 귀족들과 부농들이 많은 땅을 사들여 부자는 더욱 부자로 가난한 자는 더욱 가난해지는 '부익부 빈익빈' 현상을 가져오게 했다. 태평성대를 칭송하는 문경지치 시대의 또 다른 폐해였다 할 수 있을 것이다.

배신자 황족 '유 씨'를 처단하라 – 7국의 난

한나라 초기 행정 체계는 군과 국이 함께 존재하는 군국제였다. 주나라의 봉건제와 진나라의 군현제의 단점을 보완하고자 취한 제도였다. 황제가 직접 다스리는 15개의 군 밑에 현을 두고 아홉 명의 왕과 39개의 군에 해당하는 제후들이 있었으니 이들이 가진 권한은 매우 컸다. 왕은 자신의 왕국에서는 승상을 제외한 모든 관리들을 임명하고 해임할 수 있는 권한을 가졌기 때문에 중앙에서 인정받지 못한 지식인과 능력 있는 인재들이 제후국으로 몰려들었다.

이런 문제를 인식하고 경제의 재상인 조조(曹操: 삼국 시대의 조조와는 다른 인물)는 각 제후국의 면적을 줄여 왕의 권한을 축소시켜야 한다고 주장했지만, 이미 커질 대로 커져버린 제후국 왕의 반발 또한 만만치 않았다. 하지만 조조가 3개의 제후국을 취소하려 강행하자 7개의 제후국이 연합하여 반란을 일으키니 이 난이 바로 '7국의 난'이다. 난에 가담한 7개의 제후국은 다음과 같다.

오국 (유비)	제남국 (유벽광)	치천국 (유현)	교서국 (유앙)	교동국 (유웅거)	초국 (유무)	조국 (유수)

7개의 나라 중 오왕 유비와 초왕 유무를 제외한 다섯 왕은 모두 유방의 직계 자손들이었으니, 반란의 두려움 때문에 유 씨만 왕에 봉하라는 고조 유방의 믿음과 유언이 무색해지는 대목이 아닐 수 없다.

오왕 유비가 선봉이 되어 '조조를 죽이고, 줄어든 땅을 회복시켜달라'는 주장을 펼치며 파죽지세로 뻗어 나가자 곧 전국의 절반이 반란군의 수중에 들어가게 되었다. 경제는 깜짝 놀랐다. 제후국이 이 정도로 막강한 힘을 가졌을지 상상도 못 했던 것이다. 경제는 어쩔 수 없이 조조를 죽이고 사태를 마무리하려 애썼지만 반란군들은 타협하지 않았다. 또한 유비는 대담하게도 자신이 황제가 되어야겠다고 외치며 뤄양에까지 이르니 이때 대장군 주아부가 출격한다.

주아부는 반란군의 주된 세력이었던 오·초 연합군의 식량 보급로를 차단하여 배가 고파 싸울 수 없게 만들었다. 결국 철수하는 연합군의 뒤를 쳐 3개월 만에 반란군을 모두 평정했다. 유비는 피살당하고 오나라와 초나라는 멸망했으며 난에 가담한 여섯 왕도 모두 자결하면서 반란은 마무리된다.

역사를 살펴보면 위기를 잘 극복하고 그 위기를 기회로 삼는 경우가 많다. 경제 역시 위기를 기회로 잘 살려 군사와 정치력은 중앙에 집중시켰고 제후국은 작게 나누어 힘을 약화시켰다. 더이상 제후국의 왕은 정치에 관여할 수 없었다. 중앙의 정치와 관련된 일은 중앙에서 보낸 '국상(제후국의 재상)'이 대신하게 했다. 비로소 한나라는 제대로 중앙집권 국가의 모습을 갖추었고 황제는 더욱 큰 힘을 가질 수 있게 되었다.

02

기원전 141, 동아시아에 우뚝 선 한 무제

한나라의 무제는 시황제, 강희제(재위: 1661~1722)와 함께 중국의 가장 위대한 황제로 존경받는 인물이다. 문제 할아버지, 경제 아버지를 둔 한나라 제7대 황제로 열여섯에 즉위하여 54년이라는 긴 기간 동안 한나라를 통치하였다. 고조 유방이 통일한 영토, 문제·경제가 이루어놓은 경제적 안정, 게다가 54년이라는 짧지 않은 재위 기간을 통해 무제는 한족 역사상 두 번째로 넓은 영토를 확보하며 전한 시대의 전성기를 이끌었다. 우리에게는 고조선을 멸망시킨 황제로 더 잘 알려져 있다.

* **한 무제**

  무제는 전한 제7대 황제로 중앙집권을 강화하고 흉노를 외몽골로 내쫓는 등 영토를 넓히고 동서 교류를 왕성하게 했다.

할머니와 어머니의 힘으로 황제가 되다

40여 년간 평온한 무위의 시대에 일어난 7국의 난은 경제에게는 당황스러운 사건이었다. 다행히 주아부와 양왕 유무가 난을 진압했고, 그 공을 인정받아 주아부는 4년 뒤 승상이 되었다. 유무는 어머니인 두 태후의 후원을 받아 다음 재위에 오를 인물로 거론되기까지 했다. 유무는 두 태후가 가장 사랑하는 경제의 동생이었기 때문이다.

경제가 서슬 퍼런 어머니 두 태후의 환심을 살 요량으로 "유무가 나 다음으로 재위에 오르면 좋겠다"는 말을 한 적도 있었다고 하니, 유무는 자신이 그다음 황제가 될 거라는 희망에 부풀어 있었을 것이다. 그런데 경제에게는 아들이 열네 명이나 있었으니, 그가 정말로 동생에게 자리를 물려주고 싶었을까? 다행히 바른 말 하기 좋아하는 원앙이라는 신하가 아들이 아닌 동생이 후계자가 되면 나라가 시끄러워질 것이라는 이유를 들어 반대하였다. 다행히 논의는 중단되었지만 이 때문에 원앙은 암살당하고 만다.

경제의 정식 황후인 박 황후에게는 자식이 없었다. 결국 박 황후는 쫓겨나고 여섯 명의 후궁이 낳은 열네 명의 아들이 후계자가 되기 위한 무한경쟁에 뛰어든다. 첫 번째로 기회를 잡은 이는 율희가 낳은 맏아들 유영으로 경제는 유영을 태자로 삼았다.

경제에게는 황태자 유영과 딸을 결혼시키고 싶어하는 누나 장 공주가 있었다. 즉 사촌끼리 결혼하는 근친혼이지만 이때는 사촌끼리의 결혼도 가능했던 시대이다. 그런데 시어머니가 될 율희가 이 혼인을 단칼에 거절한다. 이에 빈정 상한 장 공주는 유철의 어머니인 또 다른 후궁 왕 부인과 뜻을 모아 율희를 몰아낸다. 그러고는 유철과 자신의 딸을 결혼시킨다. 그다음 순서는 황태자를 쫓아내고 유철을 황태자로 앉히는 것이었다. 두 태후는 딸 장 공주·며느리인 왕 부인과 한편이 되어 황태자 유영을 폐위시키고

- **공자**

  공자는 춘추 시대의 사상가이다. 인(仁)을 정치와 윤리의 이상으로 하는 도덕주의를 설파했다. 제자들이 엮은 『논어』에 그의 언행과 사상이 잘 나타나 있다.

새로운 황태자를 앉히니, 그가 바로 유철 한 무제이다.

유학으로 무장하라

기원전 5세기에 시작된 공자의 유가 사상은 진 시황의 분서 갱유 사건과 같은 어려움을 겪으면서도 꾸준히 그 명맥을 유지해나갔다. 춘추전국 시대와 같이 강한 자만이 살아남을 수 있었던 시기엔 강력한 법가 사상이 인정을 받았고, 한나라 초기엔 도가에 바탕을 둔 무위 사상(황로 정치)으로 전란을 극복하고 백성들의 삶을 안정시키고자 노력하느라 유가 사상은 푸대접을 받았다. 그러나 무제가 즉위하면서 황로 정치는 사라지고 유가 사상의 시대가 열리게 된다.

기원전 141년에 황제 자리에 오른 무제는 황권을 강화하는 방법으로 유가 사상을 선택했다. 열여섯에 즉위한 무제는 황로 사상으로 무장한 할머니인 두 태후와 그 주변 세력을 견제해야 했다. 사마천도 『사기』에 "천자는 즉위 초 귀신을 섬기고 귀신에게 제사 지내는 일에 더 관심이 있었다"고 기록할 정도로 무제는 유가 사상에는 별로 관심이 없었다. 그러나 무제는 두 태후의 세력에서 벗어나기 위해 유가 사상을 선택했다. 하지만 두 태후 세력역시 호락호락하지만은 않았다.

대립 초기엔 의도를 가지고 무제가 등용시킨 전분·조관·왕장·신공이 오히려 공격을 받아 죽거나 파직을 당하는 등 처음에는 실패하는 듯 보였다. 그러나 4년 뒤 두 태후가 세상을 떠나면서 무제는 비로소 자기 뜻을 펼칠 기회를 얻게 된다.

두 태후가 죽은 다음 해 무제는 동중서의 의견을 채택하여 유가 사상을 국가 정책으로 삼았다. 오경박사(유가의 경전인 시·서·역·예·춘추를 연구하는 관리) 제도를 만들어 제자백가 중 유가 사상을, 그리고 그 유가 사상 중 오경을 중시하게 되었다. 이때부터 유가 사상은 중국의 유일한 정통 사상이 되어 지금까지 이어져 내려오게 된 것이다.

또한 국립대학인 태학을 세웠다. 태학에서 공부하면 국가가 학비를 내주었고 또한 관직을 받을 수 있었기에 태학은 평민들이 관리가 될 수 있는 유일한 창구로 많은 사람이 몰려들었다. 그리고 효를 실천하는 지방 유학자들이 추천을 통해 중앙 관리로 진출하기도 했다. 이런 여러 제도 덕분에 유학자들은 중앙에서 세력을 형성하게 된다.

또한 이때부터 상례를 중요한 예절로 삼아 삼년상이 시행되었고, 이후 삼년상을 유학의 대표적인 효의 상징으로 여겼다. 삼년상은 중국은 물론 주변국인 조선에도 영향을 미쳐 자식이 반드시 지켜야 할 상례가 되었으니, 일생에 최소 6년은 아무것도 하지 않고 부모의 죽음만 슬퍼해야 했다.

한 무제는 즉위 초 유학자 동중서의 의견을 듣고 다른 학파는 버리고 유학만을 유일한 사상으로 받아들였다는 것이 지금까지의 주된 해석이었다. 그러나 현대에 와서는 무제가 한나라의 통치 사상으로 유가 사상을 선택한 것은 동중서의 건의 때문이 아니라는 해석이 힘을 얻고 있다. 이미 무제가 황권을 강화하려는 의도하에 유가 사상을 선택했으며, 이것은 학문에 대한 깊은 관심과 호감으로 인한 선택이었다기보다 정치적 투쟁의 도구로 선택했다는 것이다.

* **동중서**

  동중서는 전한의 유학자이다. 춘추공양학(春秋公羊學)을 수학하여 하늘과 사람의 밀접한 관계를 강조하였
  다. 무제로 하여금 유교를 국교로 삼도록 설득했다.

아무튼 태어나면서 주어진 귀함과 천함은 하늘의 뜻이라고
주장한 동중서는 황제에게 절대적인 지위를 부여했고, 그런 주
장이 마음에 들었던 무제는 유학을 선호하며 그 이념대로 나라
를 다스리고자 했으니, 다른 학문에 배타적인 유가 사상이 이후
2,000여 년 동안 중국의 이념으로 뿌리내리게 된다.

경제면 경제, 정치면 정치, 무제의 손은 미다스의 손?

먼저 정치에 관계된 무제의 대표적인 정책은 '추은령'과 '좌관
율'이었다.

고조는 유 씨들을 왕과 제후로 삼으면 나라가 역모의 위험 없이 안정될 것이라고 믿었다. 하지만 그런 믿음을 여지없이 저버린 것이 7국의 난이다. 경제는 7국의 난을 평정하고 이 기회에 영지를 줄이거나 더 잘게 쪼개 왕과 제후들의 권한을 약하게 만들었다. 그러나 무제 때도 여전히 넓은 영지를 가진 제후국이 존재했기에 안심할 처지는 아니었다. 이런 위험을 없애기 위해 무제는 '추은령'을 실시했는데 그 내용은 다음과 같다.

왕이 죽으면 적장자가, 즉 본부인의 맏아들이 왕위를 계승하며, 그 외의 자식들에게는 제후국이 토지를 골고루 나누어줘 모두 제후가 될 수 있게 하라는 조치였다. 이 조치는 겉으로는 은혜를 베풀어 모든 자식이 지위와 땅을 가질 수 있도록 하는 듯 보였지만 속뜻은 왕과 제후들이 권력을 나누게 하여 세력을 약화시키려는 데 있었다. 물론 맏아들은 불만스러웠을 것이다. 하지만 이 조치의 결과 제후국은 커봐야 10여 개의 성 정도 규모로 축소되었고, 작은 제후국은 수십 리 정도 규모밖에 되지 않았으니 무제 입장에서는 성공한 제도였다 할 수 있다. 이로써 중앙을 위협하는 제후들의 세력은 그다지 신경 쓰지 않아도 될 정도의 규모로 작아졌다.

또한 '좌관율'을 실시했는데 좌관율이란 중앙의 관리와 제후국의 관리를 철저히 분리하는 법이다. 좌관(제후국의 관리)은 중앙에 관리로 진출할 수 없고, 중앙에서 파견된 관리는 사사로이 제후국 관리가 될 수 없도록 하는 조치였다. 이는 제후들이 예전처럼 많은 인재를 자신의 밑에 두고 세력을 키우기 어렵게 하는 결과를 가져왔다.

이 밖에도 무제는 황제에게 함량 미달의 금을 바쳤다는 이유로 제후 106명의 작위를 박탈하기도 했는데, 이런 조치들은 모두 황제의 막강한 힘을 보여주는 조치로 제후들을 꼼짝 못 하게 하는 효과를 발휘했다. 이런 여러 조치로 제후들은 세금을 걷어서 먹고사는 일 외에는 일절 정치에 관여할 수 없게 되었다. 이로써 행정 제도는 군현제로 재편되었고, 무제 때에 이르러 황제를 중심으로 한 강력한 중앙집권 제도의 확립이 마무리됐다.

경제 분야에서 실행된 정책으로는 '화폐 개혁'과 '전매제', '균수법'이 있다. 무제의 경제 정책은 활발한 대외 원정과도 관련이 있다. 무제가 즉위했을 당시 창고에는 재물이 넘쳐흘러 썩은 곡식을 처리하기 위해 고민할 정도로 나라 재정이 튼튼했다. 그러나 동서남북으로 마냥 뻗어나가는 무제의 대외 원정 사업으로 창고는 곧 텅텅 비었고, 중앙에서는 그런 재정 위기를 해결하기 위한 여러 경제 정책들이 쏟아져나왔다.

이전에 사용되었던 화폐는 진
나라의 통일 화폐인 반량전이었
다. 그런데 규격이나 구리 함량이
천차만별이어서 세금을 걷거나 그
외의 상거래에 혼란을 주었다. 그
래서 이 화폐를 '오수전(五銖錢)'으
로 바꿔 각 제후국에서도 세금을
낼 때 사용하게 했다. 무제는 사적
으로 화폐를 만들 수 없도록 하고

- **오수전**
오수전은 전한의 무제 때에 쓰던 동
전을 말한다. 무게를 나타내는 '오수
(五銖)'라는 문자가 새겨져 있다. 광무
제는 왕망에 의해 혼란스러워진 화
폐 제도를 재정비하기 위해 오수전
을 다시 만들어 사용하였다.

법으로 규정한 화폐만 사용하게 하면서 오수전을 전국적으로 유
통시켰다. 이러한 화폐 개혁이 경제 개혁의 가장 큰 공이었다고
평가받는다.

한편 무제는 흰 사슴 가죽으로 만든 화폐인 '백록피폐(白鹿皮
幣)'를 만들어 귀족들의 재산을 착취하기도 했다. 매우 귀하고 비
싼 백록피폐를 자신을 알현할 때 예물로 가져오게 했는데, 이 화
폐로 많은 돈을 거두어들였지만 그만큼 원망도 들어야 했다.

또한 바닥난 창고를 채우기 위한 또 다른 조치로는 상홍양이
제안한 전매 제도가 있었다. 전매란 나라에서 독점적으로 물건을
만들어 파는 것을 말하는데 당시 가장 돈이 되는 물건은 소금과

- **상홍양**

  상홍양은 중국 전한의 정치가이다. 무제 때 식량과 말먹이를 관리하는 군관인 치속(治粟) 도위(都尉)가 되어 소금과 철의 전매와 균수법·평준법을 시행했다.

철이었다. 이전에는 민간에서 만들어 큰 돈벌이가 되었지만 이때부터는 소금·철·술을 나라에서만 만들어 팔 수 있었다.

이렇게 나라가 주도하여 철을 취급함으로써 많은 이익을 남길 수 있었다. 하지만 경쟁 상대가 없어지니 소금과 철의 가격은 천정부지로 올랐고 가격에 비해 상품의 질이 형편없어졌다. 철로 만든 낫으로는 풀을 베기도 힘들어 오히려 나무로 낫을 만들어 쓸 지경이었으며, 소금은 쓰고 질이 좋지 않아 먹을 수가 없었다.

한편 해마다 중앙에 공급하는 특산품을 관청 주도하에 거두고 운반하면서 상업 활동(균수법)을 하고 나라에서 물가를 조절(평준

법)하도록 했다. 균수법과 평준법으로 특산물을 정부에서 거두고 운송할 수 있었고, 나라가 시장 경제에 간섭하여 부유한 상인이 매점매석(쌀 때 사서 비쌀 때 팔려고 쌓아놓는 것)하는 것을 막고 어느 정도 물가를 안정시킬 수 있었다.

그러나 상업 활동에 관여하는 관리들이 시장에서 잘 팔리는 것만 선호하게 되어 지방 특산물은 그 의미가 사라지고 백성들의 부담만 더 늘어나는 부작용이 나타났다.

이 밖에도 '산민령(算緡令: 부과세)' '증구부(增口賦: 인두세)' '죽작(鬻爵: 작위를 파는 것)' 같은 정책들을 시행하였다. 이런 경제 조치들로 무제는 큰 경제적 이익을 얻었지만 전체적인 경제 흐름은 원활하지 못했다. 과한 세금으로 귀족·상인·백성의 많은 재산이 정부로 흘러 들어가 사회가 불안정해졌으며, 관리 제도가 문란해지는 부작용을 감내해야 했다.

무제 때는 정복 사업으로 넓은 영토를 확보하긴 했지만 전쟁을 위해 실시한 여러 가지 무리한 경제 조치로 인해 백성의 삶은 더 궁핍해졌다. 이로써 초기에 이루었던 태평성대는 무색할 지경에 이르렀고 각종 반란의 움직임이 일어나는 결과를 가져오게 된다.

03

장건을 파견하여 흉노를 포위하라

흉노는 고대 중국인들에게는 삼키지도 뱉지도 못하는 뜨거운 감자와도 같은 존재였다. 북쪽의 유목 민족인 흉노는 수시로 중국의 북쪽 경계선을 침범했고 노략질을 일삼았다. 진 시황은 전국 통일의 기세를 몰아 흉노를 황허강 북쪽으로 몰아내고 만리장성을 쌓았지만, 유방과 항우가 서로 중원을 차지하기 위해 힘을 빼고 있을 때 흉노는 묵돌 선우라는 걸출한 지도자가 나타나 강한 국가로 탈바꿈하였다.

이후 다시 전국을 통일한 고조 유방이 흉노에게 선방을 날려 봤지만 참담하게 패해 흉노를 형으로 모셔야 하는 상황이 한동안 이어졌다. 하지만 흉노는 화친 조약 이후에도 변경 지역을 끊임없이 공격하며 괴롭혔기 때문에 혈기왕성한 무제로서는 이러한 상황을 그대로 지켜볼 수만은 없었을 것이다.

더 이상 흉노와의 화친은 사양하노라

한나라 초기 고조 유방은 자신의 마차를 끄는 네 마리의 말 색깔을 하나로 통일하고 싶었으나 그리할 수 없었다. 또한 재상은 말이 끄는 수레를 타고 싶었으나 소가 끄는 수레를 타야 했다. 왜? 말이 부족했기 때문이다. 그런데 '문경지치'의 시대를 거치며 창고에 재물이 가득 쌓이고 수도 시안에서 기르는 말 숫자만 40만 마리에 이르니 지주도 상인도 말을 타고 다녀 길에는 말이 차고 넘치게 되었다. 드디어 때가 되었다. 금수만도 못한 흉노와 말을 타고 제대로 한판 붙을 수 있는 여건이 만들어졌던 것이다.

그렇다고 흉노가 있는 북쪽 지역까지 가서 싸우기엔 한나라가 매우 불리했다. 이에 한나라 변경인 마읍(馬邑: 지금의 산둥성 쉬저우 시)에 살던 호족 섭일이란 자가 새로운 계책을 무제에게 올린다. 그 계책은 흉노군이 먼 길을 나서게 해 한나라군이 그 길목을 지키고 있다 싸우는 전략이었다. 무제는 이 계책에 관해 대신들과 상의했고 격론 끝에 찬성으로 결론이 났다. 매복 장소는 안문군

흥노의 고향

흥노는 중국의 이민족 오호(五胡) 가운데 몽골고원에서 활약하던 기마 민족이다. 기원전 3세기 말, 묵돌 선우가 북아시아 최초로 유목 국가를 건설했으나 무제의 잦은 침공으로 쇠약해졌다.

마읍현, 작전은 섭일을 흥노에 위장 투항시켜 흥노군을 마읍으로 끌어들이는 것이었다.

과연 흥노의 군신 선우(재위: 기원전 160~기원전 126)가 걸려들었을까? 물론이었다. 군신 선우는 10만의 군사를 이끌고 마읍으로 향했고 약탈을 하며 전진했다. 한나라는 마읍 부근에 30만의 군사를 숨겨두었고, 이대로라면 한나라의 작전은 성공하는 듯 보였다. 하지만 주변 상황이 아무래도 미심쩍었던 군신 선우는 봉화를 지키는 한나라 졸개를 통해 한의 계략을 알게 되었고, 군신 선우는 그대로 말을 돌려 돌아가 버렸다. 한나라 군사들은 목이 빠져라 기다렸지만 흉노군은 끝내 나타나지 않았다. 계획은 실패였다. 한나라는 망신살이 뻗쳤고 이로써 두 나라의 화친관계도 끝나버렸다.

그런데 이 와중에 흉노와의 싸움에서 유독 빛났던 장수 두 사람이 있었으니 그들은 위청과 곽거병이다. 두 사람은 무제가 사랑한 위자부의 동생이고 조카였기에 무제는 그들을 그만큼 더 아꼈다.

마읍의 작전 실패 4년 후, 한나라 장수인 위청·공손오·공손하·이광 등이 흉노를 공격했고, 이들 가운데 위청만이 유일하게 700명의 포로를 잡는 전과를 올렸다. 작은 승리였지만 이 전과는 한나라를 세운 지 70여 년 만에 처음으로 만리장성을 넘어 북쪽을 공격한 전투였기에 그 의미가 더욱 컸다.

이후에도 위청은 옌먼을 나서 흉노 수천 명의 목을 베었고, 그 이듬해 운중을 출발하여 진나라가 빼앗겼던 오르도스 지방을 다시 찾는 성과를 올렸다. 그는 이 세 번의 승리로 장평후라는 작위를 받는다. 미천한 출신의 위청은 여동생 위자부 덕분에 관직을 얻게 되었고 눈부신 활약 덕분에 대장군 지위에까지 오른다.

흉노와의 전쟁 초반에 위청이 있었다면 후반에는 젊은 곽거병

● **곽거병의 무덤**

곽거병은 전한 무제 때의 명장이다. 숙부 위청과 함께 흉노 토벌에 큰 공을 세워 곽거병은 장평후, 위
청은 대사마 자리에 오른다.

의 활약이 컸다. 기원전 121년, 그는 한 해 동안 두 번의 공격으로
각각 흉노의 명왕과 8,900명의 목을 베었다. 그리고 내몽고로 더
깊숙이 쳐들어가 2만 200여 명을 죽이거나 포로로 잡는 큰 승리를
거둔다. 이런 한나라와 흉노의 전쟁은 15년 넘게 계속되었으나,
기원전 119년 위청과 곽거병의 합동 공격으로 일단 마무리된다.

물론 이치사 선우(재위: 기원전 126~기원전 114)를 제거하지는 못했
지만 흉노는 더 이상 북방을 위협하는 존재가 되지 못했다. 이에
한 걸음 더 나아가 기원전 115년 하서주랑에 4개의 군(주취안군·우

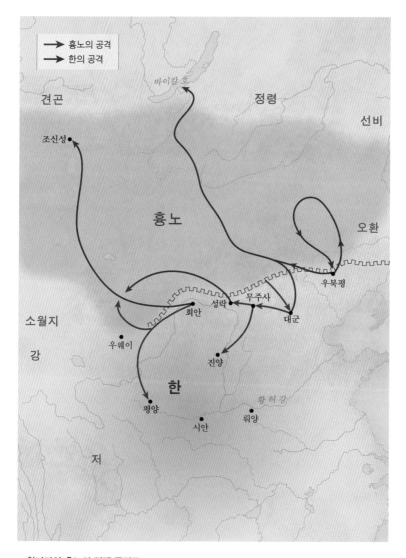

- **한나라와 흉노의 전쟁 공격로**

  흉노의 공격·진입 방향과 한 무제 재위 시절에 활약한 명장 이광·장건·위청·곽거병의 공격 경로이다.
  당시 한나라의 원정 거리가 꽤 멀었다는 걸 알 수 있다.

웨이군·장예군·둔황군)을 설치하게 되는데, 그곳은 현재까지도 중국 영토에 속해 있다.

그렇다면 이렇게 큰 성과를 얻을 수 있었던 이유는 무엇일까? 뛰어난 두 장수의 활약 덕분이었을까? 물론 그것도 승리의 요인이겠지만 무제 때 한껏 팽창한 국력도 한몫했고, 묵돌 선우 시절 절정기를 이뤘다가 급속히 기울어진 흉노의 국력 또한 적지 않은 요인이었다. 그리고 또 한 가지, 장건이란 인물의 활약이었다. 과연 장건은 흉노와의 전쟁에서 어떤 역할을 했을까?

뒷걸음치다 우연히 실크로드 잡은 장건

박망후는 제1차 서역 원정에서 돌아온 장건이 흉노전에 참가해 승리한 후 받은 작위이다. 『한서』에 주를 단 안사고란 학자는 박망후가 '광박첨망(廣博瞻望)', 즉 넓게 세상을 관찰했다는 의미로 붙여진 작위명이라고 해석했다. 장건에게 썩 잘 어울리는 작위명이다. 미지의 서역 세상을 돌아보고 그곳에서 얻은 귀중한 정보를 적절하게 활용했던 인물, 그 인물이 장건이다.

흉노에게는 월지라는 숙적이 있었다. 월지는 하서주랑에 근거지를 둔 같은 유목민족이다. 그런데 진나라 말기, 세력을 확장 중이던 흉노의 묵돌 선우는 월지 왕을 죽이고 그곳을 차지했을 뿐

아니라 월지 왕의 유골을 식기로 삼는 만행까지 저지른다. 월지
는 복수를 다짐하며 서쪽으로 서쪽으로 이동하여 마침내 아프가
니스탄 북쪽 지역에 정착해 나라를 세운다.

북방의 흉노를 제압하기로 마음먹었던 무제는 흉노를 공격할
동맹국을 찾았고 월지가 그 상대국으로 적당하다고 판단했다.
이에 바로 시안과 3,000킬로미터 떨어져 있는 월지에 보낼 사신
을 모집했고 장건이 이 사신단을 맡게 되었다. 호기롭게 출발한

• 「장건출사서역도」
　무제는 흉노와 싸울 동맹국으로 월지를 포섭하고자 장건을 파견한다. 장건은 이에 실패하지만, 이후
　제2차 원정길에 챙겨간 비단으로 유럽인을 매료시켜 실크로드 개척에 문을 연다.

100여 명의 사신단은 하서주랑에 들어서고 얼마 지나지 않아 흉노 군사들에게 붙잡혔고 군신 선우에게 보내졌다. 자신의 나라를 치려고 적국인 월지로 동맹을 맺으러 가는 사신단임을 알게 된 선우는 사신단을 바로 억류시켰다. 바보가 아닌 이상 보내줄 이유가 없지 않은가? 하지만 그 호기로움을 존중해 죽이지는 않고 흉노 여인과 맺어주고 그곳에서 살게 해주었다.

어영부영 10년이란 세월이 흘렀다. 강산도 변한다는 10년 세월이 흐르자 흉노의 경계는 느슨해졌고 사명을 잊지 않은 이들은 그곳에서 도망쳐 대완에 도착했다. 대완은 강거로 강거는 월지로 사람을 보냈다. 드디어 천신만고 끝에 월지 왕을 만나게 된 장건 일행은 감격에 북받쳤다. 그런데 월지 왕은 함께 흉노를 치자는 장건의 제안을 단칼에 거절했다. 월지는 많은 시간이 흘러 흉노에 대한 복수심이 옅어졌고, 다행히 정착한 땅이 비옥하고 주변국과의 마찰도 없었기에 지금 상태로도 만족스러웠던 것이다. 굳이 긁어 부스럼을 만들고 싶은 생각이 전혀 없었으리라.

장건은 허무하게 아무런 성과 없이 빈손으로 돌아와야 했다. 하지만 돌아오는 길도 순탄치만은 않았다. 돌아오는 길은 서역 남로를 택했는데 그곳 역시 흉노의 세력권 아래에 있었다. 또다시 흉노 순찰병들에게 붙잡혔고 불굴의 장건은 억류된 지 1년 만

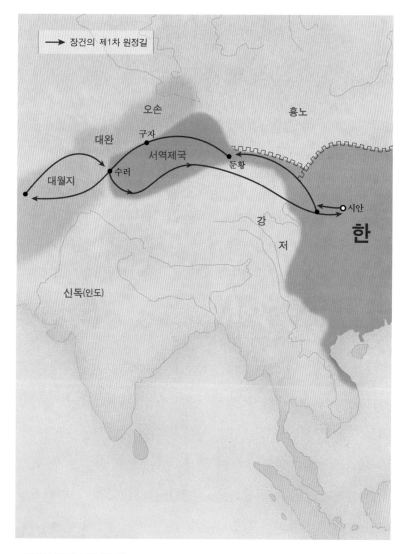

- **장건의 제1차 서역 원정로**

  장건은 전한 때의 외교가로 동서 문화 교류의 길을 열었다. 제1차 원정 시 노구수에서 가는 데 10여 년을, 오는 데 1년가량을 흉노에게 잡혀 있었다.

에 다시 탈출을 시도했다. 다행히 그때는 군신 선우가 죽고 태자 어단과 선우의 동생 이치사가 서로 권력을 다투느라 혼란스러웠 던 때라 그 틈을 타 탈출할 수 있었다.

장건은 13년 만에 마침내 고향으로 돌아왔다. 출발할 때는 100명이 넘는 인원이었지만 돌아온 사람은 장건과 하인 감보 두 사람뿐이었다. 비록 본래 목적은 이루지 못했지만 장건의 머릿 속은 흉노에 대한 정보로 꽉 차 있었다. 오랜 억류 생활로 알게 된 흉노의 내부 사정과 유목 민족이었기에 함께 떠돌아다니며 알아낸 사막·초원·물이 있는 곳·도로 등에 관한 정보는 흉노 정 벌에 필요한 소중한 자료였다.

기원전 121년, 위청과 곽거병의 활약으로 하서주랑이 중국의 세력권 안으로 들어왔고 중국은 서역 세력과 교류할 수 있게 되 었다. 이때 장건은 월지보다 흉노에게 더 위협적인 오손과 손을 잡을 것을 무제에게 건의했고 무제는 이를 받아들였다. 이러한 제의를 오손에 전달하기 위해 장건은 오손으로 향하는 두 번째 서역 원정길에 오르게 된다. 오손으로 향하는 길은 평탄했지만 이번에도 역시 성과는 없었다. 오손은 동맹을 요청하는 중국에 대해 아는 게 전혀 없었고 무엇보다 흉노의 보복을 두려워했다.

하지만 빈손으로 터덜거리며 돌아올 장건이 아니었다. 장건은 부하들을 강거·월지·대하·안식(이란)·신독(인도)·우전에 각각 파견하여 중국을 알렸고, 자신은 오손 사신과 함께 귀국하여 사신들에게 한나라의 국력을 보여주었다.

이런 장건의 활동에 대한 진가는 그가 죽은 후에 나타났다. 비록 장건은 귀국한 다음 해인 기원전 114년에 죽었지만 각국에 파견한 사절들이 각 나라의 사신·상인과 함께 귀국하면서 서역과의 왕래가 시작되었고, 한나라의 풍요로움을 눈으로 목격한 오손의 사신들은 신하 나라가 되기로 맹세했다.

처음 서역에 갔을 때 중앙아시아에 비단이 없는 것을 알게 된 장건은 제2차 서역 원정길에 비단을 챙기는 세심함을 보였다. 각국의 왕에게 선물하기 위해서였다. 이것이 문헌상 실크로드를 통해 서역에 전해진 최초의 비단이다. 그 후 중국의 비단은 서역을 통해 유럽으로 전해졌고 유럽인은 중국의 비단에 열광했으니 중국에서 장건은 열 콜럼버스 부럽지 않은 존재였다.

10년 넘게 억류되어 있으면서도 자신의 사명을 잊지 않았던 장건. 그는 원래의 목적을 달성하지 못했다. 하지만 자신에게 주어진 상황에서 최선을 다했던 과정 그 자체가 실크로드 개척이라는 어마어마한 업적보다도 더 근사하게 느껴지는 건 나만의 생각일까?

04

눈엣가시, 고조선을 정벌하라

북쪽과 서쪽을 공략하여 흉노를 밀어내고 서역과 왕래를 시작한 무제는 이제 눈을 남쪽과 동쪽으로 돌렸다. 남쪽에는 동해국·민월국·남월국이 있었으나, 동해국과 민월국은 중국에 차례로 항복하여 중국 세력권으로 들어왔고 남월국만이 남아 있었다. 남월은 고조 유방이 남월 왕으로 봉하여 제후국 형식을 취했지만 실제로는 독립국이었다.

무제 때 한나라는 여러 번 남월 왕에게 입조(入朝, 제후국으로써 황제에게 인사하러 오는 것)를 요구했지만 그는 한 번도 입조하지 않았다. 무제는 입조하지 않는 왕의 존재를 인정할 수 없었다. 사신을 파견하여 3년에 한 번이라도 입조할 것과 변경 지역에 있는 관문을 열 것을 요구했다. 그러던 중 한나라의 사신들이 독립국을 주장하는 남월의 내부 세력에 의해 피살당하게 된다. 이에 분노한 무제는 대군을 보내 남월을 점령했고 9개 군을 두어 직접 다스렸다.

이제는 동쪽만이 남았다. 당시 동쪽엔 우리 고조선이 있었다. 고조선은 단군왕검에 의해 세워진 한반도 최초의 국가이다. 하느님의 아들인 환웅과 곰이 여자로 변한 웅녀 사이에서 태어난 우리 민족의 조상 단군 할아버지. 하지만 무제가 정복한 고조선은 연나라에서 망명한 위만의 손자인 우거왕이 다스리던 나라였다.

"한나라 초기에 연왕인 노관이 흉노로 망명했다. 이때 연나라 사람인 위만이 상투를 틀고 흰옷을 입은 채 무리 1,000여 명을 이끌고 패수를 건너 조선으로 들어왔다. 이에 연과 제 사람들을 부하로 삼아 왕이 되었다."

『사기』 「조선열전」에 나와 있는 내용이다. 고조선의 원래 명칭은 조선이다. 그러나 우리는 편의상 고조선으로 부르고, 알고 있기 때문에 그냥 고조선이라 칭하겠다. 기원전 206년 위만은 고조선 땅으로 망명했고 고조선의 준왕(재위: 기원전 2세기경)은 위만을 거두어 북쪽 국경 지역에서 살게 해주었다. 그곳에서 세력을 키운 위만은 기원전 196년 고조선의 준왕을 남쪽으로 몰아내고 고조선 땅을 차지해버렸다. 위만은 당시 철기문화를 기반으로 고조선을 발전시켰으며, 손자인 우거왕 때 한나라와 남쪽 나라들 사이에서 중계무역을 통해 한나라를 위협하는 강국으로 우뚝 솟게 된다.

한나라가 흉노와 대치하고 있었을 때 고조선은 한나라의 사정거리 밖에 있었다. 그런데 흉노의 힘이 미약해지자 여유가 생긴 한나라는 고조선을 응시하게 된다. 한나라는 섭하라는 사신을 보내 명을 받들 것을 요구하는데, 그 내용은 제후국과 마찬가지로 3년에 한 번은 황제에게 인사하고 한반도 남쪽에 있는 나라들과 한나라의 통행을 막지 말라는 내용이었을 것으로 추측된다. 우거왕은 거부했고 빈손으로 돌아가야 했던 섭하는 난감했다.

이에 섭하는 패수(지금의 압록강)까지 예의를 갖춰 배웅한 고조선의 장수인 장(長)을 죽인다. 구실은 고조선이 황제의 명령을 따르지 않았다는 것이었다. 무제는 이런 섭하의 행동을 칭찬하고 랴오둥 동부 도위로 임명했다. 랴오둥 동부는 고조선의 국경과 가까운 곳이었다. 분노한 우거왕은 출병하여 섭하를 단칼에 응

징하는데, 한나라는 이를 구실로 동쪽으로 원정을 떠난다.

기원전 109년 가을, 한나라군은 두 갈래로 나뉘어 출격했다. 남월을 정벌한 양복 장군은 5만의 군사를 이끌고 바닷길로, 순체 장군은 육로를 이용해 고조선으로 향했다. 그러나 고조선의 저항 역시 만만치 않았다. 양복과 순체는 모두 고전을 면치 못했고 양복은 산속으로 도망쳐 숨기까지 했다.

그 뒤 화해조약이 이루어지는 듯했으나, 사소한 문제로 틀어져 버렸고 한나라는 다시 공격 모드로 바뀐다. 마침내 고조선의 수도 왕검성은 두 장군에 의해 포위당하지만 우거왕은 성문을 굳게 닫고 계속 싸울 작정인지 몇 개월이 지나도록 성문이 열리지 않았다. 그러자 한나라 두 장군의 의견은 갈리게 된다.

강경파인 순체는 합동으로 공격하자 했고 온건파인 양복은 회담으로 풀어가자 했다. 오랜 싸움으로 지치기는 왕검성 내부 역시 마찬가지였다. 마침내 화해를 주장한 노인·한음·참·왕겹 등이 강경하게 버티는 우거왕을 죽이고 투항하기에 이른다.

하지만 우거왕은 죽었어도 왕검성은 무너지지 않았다. 성기라는 장군이 대신 성을 지키고 있었기 때문이다. 결국 순체에게 포섭당한 우거왕의 아들 장항과 투항한 재상 노인의 아들 최(最)가 성기를 죽이면서 왕검성의 성문은 열리고 만다.

기원전 108년 고조선은 이렇게 멸망하고 고조선의 영토에는 임번·진둔·현도·낙랑 4개의 군이 설치된다. 그런데 이 한사군의 위치와 더 나아가 한사군이 실제로 있었는지에 대한 의심의 눈초리는 여전히 존재한다. 한나라가 전쟁 후에 취한 석연치 않은 조치들이 그런 의심의 눈초리에 힘을 실어주었기 때문이다.

고조선을 멸망시키긴 했지만 한나라의 두 장군은 모두 군법회의에 회부되었다. 죄명은 "공을 서로 차지하려 하고 시기했으며 계획을 따르지 않았다"는 것이다. 순체는 참수되어 길가에 버려졌고, 양복은 처형될 위기에 처했지만 겨우 목숨은 건졌다. 그렇지만 평민으로 신분이 하락했다. 전쟁에는 이겼지만 원정군 군관 중에 공을 인정받은 사람이 한 사람도 없었다니 왠지 의심스럽다.

한나라는 정말로 고조선을 정벌한 것일까?

05

사마천, 궁형의 치욕을 이겨내고
『사기』를 완성하다

현존하는 우리 역사서 중 가장 오래된 책은 김부식의 『삼국사기(三國史記)』이다. 『삼국사기』는 고려 시대 유학자인 김부식이 나라의 명을 받고 주로 고구려·백제·신라의 삼국 시대 역사를 기록한 책이다. 이 『삼국사기』는 기전체 방식으로 되어 있는데, 바로 사마천의 『사기』 서술 방식을 따른 것이라고 한다. 사마천은 최초로 3,000년의 중국 역사를 체계적으로 정리한 위대한 역사학자로 평가받는다.

　『사기』는 왕조 이야기인 12편의 「본기」, 역대 제왕과 제후들을 일목요연하게 요약해놓은 10편의 「표」, 사회 제도사인 8편의

「서」, 제후들의 역사서인 30편의 「세가」, 그리고 주요 인물들에 대한 전기인 70편의 「열전」으로 구성되어 있다. 『사기』는 모두 130편으로 이루어진 걸작이다. 하지만 이런 걸작이 궁형(거세시키는 형벌)의 치욕 속에서 탄생했다니, 과연 사마천에게는 무슨 일이 있었던 걸까?

단호한 소신 발언으로 거세당한 사마천

흉노는 여전히 강했다. 위청과 곽거병의 활약으로 흉노가 차지했던 하서주랑을 뺏긴 했지만 그들을 정복한 것은 아니었다. 흉노에게 큰 상처를 입혔지만 쓰러뜨리지는 못했던 것이다.

이릉은 대대로 명장을 배출한 무사 집안의 자손이다. 진나라가 초나라와 전쟁을 치를 때 왕전과 함께 싸운 이신 장군이 그의 선조이고, 아버지 이광은 흉노와의 전쟁에서 전장을 날아다니는 장수라는 뜻으로 비장이라고까지 불렸으나 단 한 번의 실수로 선우를 놓치고 문책받다 자결한 명장이다. 사정이 이러하니 이릉은 집안에 대한 자부심이 남달랐다.

기원전 99년, 한나라군은 두 부대로 나뉘어 흉노를 공격했다. 대장 이광리는 3만의 기병을 이끌고 톈산을 공격했지만 전군의 60퍼센트~70퍼센트를 잃고 돌아왔다. 이릉 역시 5,000명의 보병

- **사마천**

사마천은 전한의 역사가이다. 흉노에게 패한 이릉 장군을 변호하다가 무제에게 밉보여 궁형을 당한다.
이후 치욕을 감수해가며 불후의 역사책 『사기』를 완성한다.

을 이끌고 출발했지만 상황은 더 좋지 않았다. 준계산(浚稽山: 지금
의 몽골 토랍하 인근)이란 곳에서 이릉은 흉노 차제후 선우(재위: 기원전
101~기원전 96)의 부대 3만과 맞붙었다. 이릉은 수천 명을 죽이며
용감히 싸웠지만 차제후 선우가 지원병을 요청하는 바람에 8만
의 흉노 기병이 더 가세했다. 애초부터 보병과 기병의 싸움은 상
대가 될 수 없었고, 숫자상으로도 너무 불리한 싸움이었다.

이릉은 고전을 면치 못했지만 후퇴하면서도 몇천의 흉노군을
죽이며 강력하게 맞섰다. 좀처럼 승부가 나지 않자 화가 난 차제

후 선우는 더 세차게 공격해왔다. 이릉은 사막에서 약 5일간 버티면서 강하게 저항했지만 퇴로를 차단당했다. 그런 와중에도 하루 동안 50만 개의 화살을 쏘아대며 버텼지만 결국 궁지에 몰리고 만다. 이러한 상황에서도 3,000여 명에 가까운 병사가 살아남았다니 이릉과 그의 군사들이 얼마나 용감하게 싸웠는지 짐작할 수 있을 것이다. 결국 8일간의 사투는 끝이 났고 항복한 이릉은 포로가 되었다.

이릉의 항복 소식을 접한 무제는 불같이 화를 냈다. 상황이 얼마나 불리했는지 알면서도 무제의 눈치만 보던 신하들은 이릉에게 벌을 주어야 한다고 떠들어댔다. 하지만 그 와중에 개인적 친분도 없고 주된 발언권도 없었던 사마천만이 유일하게 이릉을 변호했다.

"이릉은 어버이에게는 효를 다하고 벗들에게는 믿음을 주었으며 언제나 용감하게 나라의 명을 따르려 노력했습니다. 그는 5,000도 되지 않는 병사로 수만의 적과 맞서 화살이 모두 없어질 때까지 용감히 싸웠지만 역부족이었습니다. 비록 몸은 항복했지만 그 전적은 누구나 인정할 것입니다. 그가 죽지 않았음은 후일을 도모하기 위한 것이오니 선처를 베풀어주옵소서."

사마천은 이광리가 잃고 온 병사 수보다 이릉이 잃은 병사 수가 훨씬 적고 이광리도 도망쳐왔는데 상대적으로 이광리보다 잘 싸운 이릉에게만 뭐라 하는 것은 공정치 못하다고 판단했던 것이다. 하지만 사마천의 이 말은, 바로 이광리의 무능을 지적한 꼴이 되었다. 그런데 이광리가 누구인가? 어떻게든 공을 세울 기회를 주고 싶은, 무제가 가장 사랑하는 부인의 동생이었다. 무제는 이런 사마천의 항변에 진노했고 결국 사마천은 궁형을 선고받는다.

이쯤 되면 사대부들은 자결을 택한다고 한다. 너무나 치욕적인 형벌이기에 스스로 목숨을 끊는 것이 명예롭다 여기는 것이 그 당시 보편적인 상식이었다.

하지만 사마천은 그러질 못했다. 사마천도 죽고 싶었을 것이다. 하지만 그에게는 마쳐야 할 임무가 있었다. 치욕까지도 견뎌내면서 해내야 할 그 임무는 과연 무엇이었을까?

사마천, 아버지의 유언을 지키려 혼신의 힘을 다하다

사마천은 한청 사람으로 대를 이어 사관(역사를 다루는 관리)을 지낸 가문이었다. 아버지인 사마담은 조정의 사관으로 태사령이란 직책에 있었는데, 태사령은 천문·역법·역사 편찬을 담당하는 부서였다.

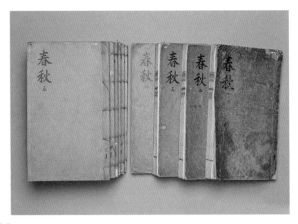

• **노나라의 역사서『춘추』**
『춘추』는 공자가 노나라 은공(隱公)부터 애공(哀公)에 이르는 242년 동안의 사적을 기록한 책이다.

사마천은 아버지의 영향으로 어려서부터 역사에 관심이 많았고 책도 많이 읽었다. 스무 살에는 한나라 땅 대부분을 다니면서 직접 역사적인 장소를 둘러보기도 했다. 우왕의 능묘를 참배했고, 굴원이 죽은 멱리수를 둘러봤으며, 항우와 유방의 고향인 패이현과 팽성을 둘러보며 역사를 온몸으로 느꼈다. 이러한 노력은 훗날『사기』를 저술하는 데 많은 도움이 되었다.

아버지 사마담은 중국의 역사를 다룬 제대로 된 역사서가 없음을 안타깝게 여겼다. 이전에 지어진 공자의『춘추(春秋)』와 좌구명의『좌전(左傳)』이라는 역사서가 있긴 했지만,『춘추』의 경우 242년간의 노나라 역사를 다룬 노나라의 역사서일 뿐이었다. 사마담은 중국의 통사를 편찬하기로 마음먹고 자료를 준비해나갔다. 그러나 그의 바람은 실현되지 못했다.

무제가 기원전 110년, 천자의 자격으로 타이산에서 하늘과 땅에 제사를 지내는 중요하고 성스러운 봉선 의식을 치렀다. 그런데 그 의식을 주관해야 할 태사령인 사마담이 함께 가지 못하고 탈락하고 만 일이 있었다. 자존심이 강한 사마담은 너무나 실망한 나머지 몸져누웠고, 마침내 목숨까지 위태로운 지경이 되고 말았다. 결국 사마담은 자신이 못다 이룬 꿈을 아들에게 대신해달라 유언을 남기고 죽는다. 그리고 사마천은 아버지의 꿈을 잇기 위해 편찬 작업을 시작했던 것이다.

그런데 사마천이 편찬 작업을 시작한 지 5년 만에 커다란 시련을 맞게 되었으니 앞서 이야기한 이릉 장군에 관한 일이다. 진노한 무제 앞에서 이릉을 변호한 사마천은 궁형의 치욕을 당하게 된다. 죽고 싶은 마음을 이겨내고 감옥에 갇힌 채 집필에 몰두하다 보니 사마천의 건강은 점점 더 나빠졌다. 무제는 홧김에 형벌을 내리긴 했지만 사마천에 대한 신뢰는 변함이 없었다.

그 후 사마천은 감옥에서 나와 태사령보다 높은 관직인 중서령에 임명되었다. 중서령은 비밀문서를 관리하는 중요 직책이었으며, 황제를 가까이에서 보필하는 자리였다. 하지만 사마천은 자신의 목숨이 얼마 남지 않았다는 것을 알고 중요 직책을 맡은 것을 기뻐하기보다는 집필에만 더욱 매진했고 마침내 방대한 저술을 완성했다.

『사기』는 기원전 27세기부터 기원전 1세기 사마천이 궁형을 당한 시점까지 2,600년의 중국사를 고스란히 담아놓은 역사서다. 이전 역사서들이 자국의 군주를 주축으로 서술했다면 『사기』는 역대 천자를 주축으로 하나의 통일된 중국사를 서술했다고 할 수 있다.

또한 『사기』는 춘추전국 시대의 살벌함·진 시황의 스케일·한우와 유방의 적나라한 인물묘사 등 역사서가 아닌 한 권의 무협지를 읽는 것 같은 흥미진진한 매력까지 품고 있다. 전기에만 해도 200여 명이나 되는 인물을 기록하고 있으며, 역사서로서의 가치뿐만 아니라 문학적 필체·실감 나는 인물묘사·업적과 잘못에 대한 냉정한 평가까지 『사기』에 대한 칭찬은 말로 다 표현할 수 없을 정도이다.

그러나 우리가 염두에 두어야 할 사실이 있다. 오늘날 우리가 보는 『사기』는 많은 부분 사마천이 직접 쓰지 않고 다른 사람들이 나중에 보충했다는 것이다. 그래서 사마천이 언제까지 기록했는지가 중요한 판단 기준이 되었고, 이에 대한 학자들 간의 가

설과 의견은 상당히 격하고 분분하게 이어져 오고 있다.

그렇다고 『사기』의 역사적 가치와 중요성이 부정되는 것은 아니다. 다만 사마천이 궁형을 당한 이후의 내용은 다를 수 있다는 사실을 인식하며 현명하게 읽고 판단해야 하지 않을까?

한 무제 시대에 혹리가 많았던 것은 우연의 일치였을까?

기원전 126년 한 무제는 왕온서라는 관리를 광평도위에서 하내 태수로 승진시켰다. 이유인즉슨 왕온서가 다스린 지역이 살기 좋고 안전했기 때문이다. 승진하고 3개월 후 왕온서가 다스리는 지역에는 밤에 돌아다니는 사람도 없었고 좀도둑도 보이지 않았다. 한 무제는 왕온서를 칭찬하며 더 높은 자리를 주었다.

그런데 이상한 것은 이런 왕온서의 이름이 『사기』「혹리열전」과 『한서』의 「혹리전」에 올려져 있다는 것이다. '혹리(酷吏)'란 혹독한 관리라는 뜻으로 유도신문이나 거짓 자백을 받아 지은 죄보다 가혹한 판결을 내려 과하게 처벌하는 관리를 칭하는 말이다. 왕온서가 이루어낸 태평성대의 모습은 백성이 평온하고 살기 좋아져 나타난 결과가 아니라, 오히려 작은 잘못으로 큰 벌을 받을까 봐 두려워해서 빚어진 결과였다.

전한 시대를 통틀어 총 열여덟 명의 혹리가 「혹리전」에 실려 있는데 그중 한 무제가 통치했던 시기의 혹리만 열두 명이다. 왜 유독 한 무제가 통치하던 시기에 많은 혹리가 위세를 떨쳤을까?

한 무제가 무척이나 아낀 장탕이라는 신하가 있었다. 장탕은 한 무제의 의견에 반기를 들거나 정직으로 여겨져 불편한 사람은 수단과 방법을 가리지 않고 기가 막히게 처리해주었다.

왕온서 역시 장탕 밑에서 일하던 관리였다. 한 무제는 이런 혹리들을 우대하고 상을 줘서 이들이 더 악랄하게 일을 처리할 수 있는 뒷배경이 되어주었다. 유독 한 무제 시기에 혹리들이 많았던 것은 단순히 우연의 일치였을까?

"상(한 무제)이 법제를 가지고 아랫사람을 다스려 혹리를 높여 등용하기를 좋아하니, 국군의 2,000석으로써 다스리는 자들이 가혹하고 포악한 관리들이 많았다."

－『자치통감』 제21권

사마광은 한 무제의 통치방식을 비난했고 그 원인이 한 무제에게 있다 여겼다. 한 무제는 황권을 강화하고 보호하려고 일부러 혹리들을 배출했다는 비난을 피할 수 없었던 것이다.

'진황한무',
정말 한 무제는 진 시황의 계승자였을까?

진 시황과 한 무제는 온갖 수단을 동원해 황권을 강화하는 데 집
중했으며 흉노족과의 전쟁을 마다하지 않았고 신선과 불로초를
간절히 원했다. 그래서 세간에서는 '진황한무(秦皇漢武)'라는 단어
를 사용하며 진 시황과 한 무제를 동일시하려 했다. 사마천 역시
'한 무제는 왜 진 시황의 잘못을 그대로 따라 했는가?'라며 안타
까워하기도 했다.

천성이 사납고 자기주장만 내세웠던 진 시황은 죽기 직전까지
외고집에 남을 잘 믿지 못해 하루에 7킬로그램이 넘는 서류를 친
히 검토해야 할 정도로 과중한 업무에 시달리기도 했다. 그런 진
시황이 신하들의 말을 경청하기란 쉽지 않았을 것이다.

한 무제의 성정 역시 진 시황과 비슷했다. 그런데 한 무제 통

치 말년에 큰 위기가 왔으니 무리한 대외 원정과 자연재해로 인한 흉년 그리고 등골이 휠 만큼 무거운 세금으로 백성은 땅을 버리고 도적이 되었으며, 결국 여기저기에서 들고 일어났다. 위기에 직면한 한 무제의 선택은 아래와 같았다.

> "짐(한 무제)이 즉위한 이래 미치고 어긋나서 천하로 하여금 근심하고 고통스럽게 했으니 후회해도 소용이 없구나. 지금 일함에 백성에게 상처를 주거나 해가 있으며 천하에 비용을 허비하는 것이 있다면 모두 그만두도록 하자."
>
> - 『자치통감』 제22권

공자는 『예기』에서 "한번 당겼다가 한번 늦추는 것이 문왕, 무왕의 도이다"라고 나라를 다스리는 도리에 대해 말했다. 진 시황의 진나라는 15년 만에 멸망했고 한 무제의 한나라는 전한, 후한을 합하여 422년간 지속되었으니 '진황한무'라는 단어가 무색한 결과라 할 수 있겠다.

그렇다면 공자가 말한 나라를 다스리는 통치자가 가져야 할 도리는 구체적으로 무엇일까?

고조 유방이 한나라를 세우고 외척 세력인 왕망에 의해 한나라가 무너지기까지 214년 동안 한나라는 황제와 외척이 함께 나라를 운영했다 해도 지나친 말이 아닐 것이다. 고조가 죽은 뒤 실권을 차지한 여 태후와 그 외척 세력은 문제가 즉위할 때까지 나라를 쥐고 흔들었다. 여 태후가 죽은 후 유 씨 황족에 의해 여 씨 세력은 모두 죽임을 당했지만 모든 외척을 다 죽일 수는 없었다. 여 씨 외척 세력에게 혹독하게 당한 경험을 바탕으로 문제·경제·무제는 외척 세력이 힘을 갖지 못하도록 늘 경계했고, 때론 가혹하게 처리한 덕분에 외척 세력을 조율할 수 있었다.

그러나 무제가 죽은 이후 새로 즉위한 황제들의 수명이 짧았고, 대를 이을 후사조차 없이 죽기를 반복하자 외척들이 다시 세력을 부리기 시작했다.

제5장

이전의 한나라 전한 그리고 이후의 한나라 후한

01

무제 이후의 전한은
외척 세력이 쥐고 흔들었다

무제는 한나라 흥망성쇠의 기준점이다. 무제가 즉위하기까지 60여 년은 날아오르기 전 준비 기간이었고 54년 동안의 재위 기간은 각 방면에서 가장 높이 비상한 시기였다. 그런데 그의 죽음 이후 90여 년 동안 한나라는 서서히 내려앉다가 결국 곤두박질치고 말았다.

무제에게는 위 황후가 낳은 황태자 유거가 있었으나 무제는 그를 탐탁지 않아 했다. 그 와중에 강충이란 자가 무고의 죄를 조작하여 유거를 모함하자 궁지에 몰린 유거는 반란을 일으키려다 죽임을 당한다.

	황 제	외척 이름		황 제	외척 이름
제8대	소제(유불릉)	상관걸, 곽광	제11대	성제(유오)	허가, 왕음, 왕근, 왕봉
	창읍왕(유하)	※ 재위 기간 27일	제12대	애제(유흔)	부희, 정명
제9대	선제(유순)	사고, 허연수	제13대	평제(유간)	왕망
제10대	원제(유석)	허가	제14대	유자영	왕망

• **무제 이후 즉위한 황제와 외척 분류표**

　무고란 주술을 써서 남을 해하는 행위를 말하는데, 주로 나무 인형을 땅에 묻고 미워하는 사람을 저주하는 형태 등으로 행해 졌다. 이 무고죄는 전쟁에서 패하고 돌아온 장수보다 형벌이 훨 씬 무거웠으며 당사자뿐만 아니라 무고와 관련된 주변 사람 모 두가 화를 입을 수 있었다. 신선과 방중술을 신뢰했던 무제는 나 이가 들면서 몸이 아픈 것이 이 무고와 관련이 있다고 여겨 특히 예민하게 반응했다.

　결국 황태자의 쿠데타는 실패로 돌아갔고 유거의 손자를 제외 한 황태자의 직계 자손 모두가 죽임을 당했으며 생모인 위 황후 도 스스로 목숨을 끊게 된다. 이때 유거의 손자는 강보에 싸인 채 옥에 갇혀 여죄수의 젖을 먹으며 모진 목숨을 이어나갔다.

　이렇게 황태자 자리가 공석이 되자 후계자 자격이 되는 황자는 연왕 유단·창읍왕 유박·광릉왕 유서, 그리고 나이 어린 유불릉, 이렇게 네 명뿐이었다. 무제는 그중 가장 어린 유불릉을 마음에 두고 있었다. 그래서 무제는 죽기 1년 전에 유불릉의 생모인 사랑하는 구익 부인을 죽이는데, 이는 어린 황제를 등에 업고 힘을 키울 수 있는 외척 세력을 미리 차단하기 위한 조치였다. 무제는 곽광·김일제·상관걸에게 어린 황제를 부탁하고는 일흔한 살의 나이로 숨을 거둔다.

곧 황제의 즉위에 불만을 품은 연왕 유단이 반란을 꾸미지만 실패로 돌아간다. 유불릉(소제)은 여덟 살에 황제에 올랐지만 아들도 남기지 못하고 한창나이인 스물한 살에 죽게 된다. 또한 무제가 믿고 맡긴 세 신하는 오히려 나라를 어지럽히는 주역이 된다. 그 가운데 곽광은 상관걸과의 주도권 싸움에서 승리하고 위세가 대단해 나중에는 자신이 황제를 직접 선택하는 지경까지 이른다. 소제는 아들이 없었기에 소제의 형제 중에 황제를 선택해야 했고, 그중에 남은 사람은 광릉왕(유서)뿐이었다.

그런데 곽광이 죽음에 이르게 한 연왕의 동생이 광릉왕이었기 때문에 광릉왕은 곽광에게 원한이 있었다. 이것은 곽광이 광릉왕을 황제로 삼기 곤란한 이유였다. 후계자 중 한 사람이었던 창읍왕 유박은 무제가 죽기 직전에 세상을 떠났고 그 아들이 창읍왕에 올라 있었다. 그래서 곽광은 창읍왕 유박의 아들인 유하를 다음 황제로 택하게 된다.

하지만 유하는 황제에 오른 지 28일 만에 쫓겨나고 만다. 음란하고 폭군 같은 행동을 했다는 것이 이유였다. 『한서』의 기록에는 유하는 닥치는 대로 여자를 빼앗고 소제의 관이 있는 궁전에서 고성방가하며 궁녀와 음란한 행동을 했다고 나와 있지만 아무래도 석연치 않은 부분이 있다.

창읍왕은 곽광이 있는 한 실권을 쥐기 힘들었을 것이다. 그래서 곽광을 치기 위해 일을 꾸몄고, 이것을 눈치챈 곽광이 선수를 쳐 창읍왕을 폐위시켰다는 해석도 있다. 정식 황제로 선포되기 전이었기 때문에 폐위시키기가 그리 힘든 일도 아니었으리라.

그렇다면 곽광은 다음 황제로 어떤 인물을 선택했을까? 기억을 거슬러 올라 억울하게 죽은 무제의 맏아들 황태자 유거를 떠올려보자. 유거의 자손 중 유일하게 여죄수의 젖을 먹고 자란 유거의 손자 유순, 그는 무제의 증손자로 민가에서 자라 벌써 열여섯에 자식을 둔 아버지가 되어 있었다. 바로 이 인물이 평민 출신인 제9대 황제인 선제(재위: 기원전 74~기원전 49)이다. 역모로 신분이 강등되어 평민으로 살고 있었지만 실제로는 황손이었다. 그것도 황태자의 손자였다. 곽광은 이 유순을 찾아내 황제 자리에 앉혔

• **곽광**
곽광은 전한의 장군이다. 무제를 섬기다 그가 죽자 실권을 장악했다. 어린 소제를 보좌해 대사마 대장군이 됐다. 소제가 죽은 뒤에는 선제를 즉위시켜 권력을 누렸다.

다. 곽광은 아무 연고도 없는 이 유순이야말로 자신에게 유리하리라 판단했던 것이다.

선제가 황제에 올랐지만 실권은 여전히 곽광에게 있었다. 그는 이미 결혼한 선제의 본부인을 독살하고 자신의 딸을 황후로 삼기까지 한다. 무늬만 황제인 선제는 비굴하리만치 참고 또 참았다.

인내는 쓰고 열매는 달다고 했던가? 드디어 곽광이 죽자 선제는 자신의 외척 세력을 이용해 곽 씨 세력을 몰살하고, 사 씨와

허 씨 사람들로 새로운 외척 세력을 형성했다. 마치 조선 숙종(재위: 1674~1720) 때 남인과 서인 세력이 뒤바뀐 환국처럼 새로운 황제가 즉위하면 이전 외척 세력은 몰살당하고 새로운 외척 세력이 정권을 잡는 것과 비슷한 상황이 반복됐다.

나라에 망조가 들면 군주가 일찍 죽고 후사가 이어지지 않는 경우가 많다. 한나라도 예외가 아니었다(앞의 무제 이후 즉위한 황제와 외척 분류표를 보면서 내용을 봐주기 바란다). 제11대 황제 성제(재위: 기원전 32~기원전 7) 역시 후사 없이 죽자 동생의 아들인 애제(재위: 기원전 7~기원전 1)가 즉위했고, 또 각각의 외척 세력이 정권을 이어받았다. 애제 역시 후사 없이 병으로 죽고 숙부의 아들인 아홉 살 유간이 평제(재위: 1~5)로 즉위했다. 이에 외척인 왕망이 재상으로 임명되자 애제의 외척인 부 씨와 정 씨 또한 몰살당하게 된다.

혼란의 시기여서 후사 없이 황제가 죽고 어린 황제가 즉위한 것인지, 어린 황제가 즉위하여 혼란이 가중된 것인지는 모르겠지만 한나라는 무제의 죽음 이후 90년간 황제보다 외척 세력의 힘이 훨씬 강했다. 이러한 외척 세력 간의 권력 싸움에 한나라는 서서히 몰락해갔다.

02

전한과 후한 사이에 낀 왕망,
"나, 주나라로 돌아갈래!"

성인 왕망, 백성들은 왕망을 이렇게 불렀다. 정말 왕망은 성인이
라고 불릴 만한 자격이 있었을까?

　왕망은 잘나가는 집안 출신의 자제였다. 고모는 제10대 황제
인 원제(재위: 기원전 76~기원전 33)의 황후인 왕정군이었다. 황후에
오른 고모 덕분에 귀하게 자랄 수 있었으나, 아버지와 형이 일찍
죽는 바람에 지체 높은 집안 명성에 비해 썩 부티나게 자라지는
못했다. 왕망은 가난했지만 열심히 공부했다. 왕망은 검소하고
예의 바른 사람이었고 혼자된 어머니와 형수를 보살피며 조카를
거두어 친자식처럼 키웠기에 집안에서 신임을 받았다. 원제가

- **왕망**
  왕망은 전한의 정치가이다. 자신이 옹립한 평제를 독살하고 재위를 빼앗아 국호를 신이라 명명했다. 한나라 유수에게 피살됐다.

죽고 성제가 즉위하자 성제 말년에 고모인 왕정군의 추천으로 서른여덟에 대사마라는 직위를 얻으며 출셋길로 들어선다.

왕망은 왕정군이 하사한 토지를 사양하고 천재지변으로 백성들이 어려움에 처하자 오히려 자신의 전 재산을 내놓으며 백성을 보듬는 모습을 보였다. 왕망을 칭송하는 이야기 중 하나이다.

어느 날 왕망의 둘째 아들 왕획이 자신의 노비를 죽이는 일이 벌어졌다. 그 당시는 노비를 죽이는 게 그리 큰 죄가 아니었음에도 왕망은 죄를 지었으니 아들에게 자살하라 명했다. 이러한 왕망의 행동에 사람들은 성인이라 칭송하며 떠받들었다. 이렇게 왕망은 자신의 이미지를 좋게 만드는 재주가 있었다.

그런데 제11대 황제 성제가 재위 26년 만에 죽는다. 그는 여색에 빠져 있었기 때문에 평판이 좋지 않았다. 성제는 아들이 없었기에 성제의 이복형제인 유강의 아들 유흔이 제12대 황제인 애제로 즉위한다. 애제의 생모는 정 씨이고 할머니는 부 태후였다. 애제 즉위 후 외척 세력인 정 씨와 부 씨가 바로 나라를 차지해 버려 왕망은 어쩔 수 없이 물러나야 했다.

그런데 평판이 좋았던 왕망을 정계에 복귀시키라는 탄원이 빗발쳤다. 어쨌든 왕망은 운이 좋은 사람이었다. 왜냐하면 애제가 즉위 6년 만에 죽어버렸기 때문이다.

애제가 죽자 고모인 왕정군은 왕망과 의논하여 아홉 살인 유간을 평제로 즉위시키고 왕망이 어린 황제를 대신해 정치를 맡게 했다. 왕망은 평제의 생모 위 씨를 시안에 들어오지 못하게 하고 나중엔 죽여버린다. 이를 비판한 자기 아들도 자살하게 한다. 절대 성인이라고 칭송할 만한 사람이 할 행동이 아니었다.

게다가 왕망은 여론 조작에도 능했다. 왕망은 진기한 짐승이 보이면 성스러운 사람이 나타날 것이란 전설을 이용해 자신을 성스러운 사람으로 꾸미기까지 했다. 우연히 나타났다는 그 성스러운 동물은 시안에서 무려 3만 리나 떨어진 황지국(베트남)에 왕망이 미리 손을 써서 보물을 바치고 선물로 받은 코뿔소였다.

그러한 예는 또 있다. 시안 서쪽 우물가에서 흰 돌이 발견되었는데 그 돌에 "안한공 망(왕망을 칭함)에게 고하노니 황제가 되리라"는 붉은 글씨가 적혀 있었다. 물론 이것도 조작한 냄새가 물씬 풍긴다. 아무튼 어이없는 이야기지만 이렇게 퍼뜨린 이야기들은 왕망에게 큰 도움이 되었다.

또한 왕망은 자신의 딸을 평제와 결혼시켜 황후로 만들었고 5년 후엔 사위인 평제를 독살하기에 이른다. 왜냐하면 평제는 자신의 생모를 죽인 사람이 왕망이라는 것을 알았고 그에게 원망을 품기 시작했기 때문이었다.

평제의 후계자는 황족 중 가장 어린 나이에 즉위한 두 살배기 유영이었다. 상황이 이러하다 보니 실권을 잡고 있던 왕망은 호칭만 가황제·섭황제였지 실제로는 황제와 다를 바 없었다.

그로부터 3년 뒤, 왕망은 조작한 여론에 힘입어 드디어 황제가 된다. 물론 왕망은 하늘의 뜻에 따른 평화적인 선양이었다고 주장했지만, 이는 강제로 빼앗은 것이나 다름없었다.

상황이 이렇게 되자 한때 왕망의 후원자를 자처했던 고모 왕정군은 강탈하러 온 옥새를 집어던지며 왕망에게 "너희 일족은 모두 멸망할 것이다"라며 저주를 퍼부었다 한다.

이렇게 세워진 나라가 신(新)이다. 그리고 한나라는 잠시 역사의 뒤안길로 사라진다.

유교적 이상 국가를 꿈꾼 왕망, 15년 만에 무너지다

황제가 된 왕망의 목표는 이상적인 유교 국가를 세우는 것이었다. 그가 모델로 삼은 나라는 주나라이다. 그는 모든 제도를 주나라 때 것으로 되돌렸다. 새로운 나라를 만들겠다고 하면서 과거를 지향했던 것이다. 관직명과 지명도 모두 주나라대 것으로 고쳤다. 왕망은 형식을 좋아했다. 그것도 복잡하고 거추장스러운 형식일수록 더 좋아했다.

왕망이 유교 국가를 꿈꾸면서 사회 정책으로 발표한 것들을 살펴보면 19세기 사회주의 냄새가 물씬 풍긴다.

· 모든 토지를 나라에 속하게 한다. 나라 땅이니 물론 개인 간의 매매는 금지한다.
· 토지가 없는 농민에게는 경작할 토지를 나눠준다.
· 노비 매매를 금지한다.
· 직업 없이 떠도는 이는 벌금을 내야 하고 벌금을 못 내는 이는 강제로 일을 시킨다.

· 일하는 동안은 옷과 음식을 제공한다.

· 술·소금·철은 나라에서 전매한다.

· 나라에서 물가를 통제하여 물가가 오르는 것을 막는다.

만인의 평등과 빈부의 불균형을 해소하려 했던 이런 제도들이 과연 2,000년 전 전제 왕조 국가에서 가능했을까? 형식은 주나라의 예법을, 사회 정책은 선사 시대의 평등 사회를 지향하려 했으니 너무 과거로 간 건 아니었을까? 아무튼 왕망의 이러한 개혁은 모두 다 실패하고 만다.

너무 잦은 화폐 개혁으로 화폐 가치는 떨어지고 물가는 폭등했다. 오죽하면 시장에서 화폐 대신 물물교환이 성행했을까? 설상가상으로 오만한 외교 정책에 분노한 흉노와 전쟁을 치러야 했고 자연재해까지 겹쳐, 백성의 삶은 폭발 직전까지 오게 된다. 이상과 현실의 차이는 이렇게 신국을 뒤흔들었다.

마침내 분노에 찬 외침이 백성들 사이 여기저기서 터져 나왔다. 첫 번째 외침은 번숭을 지도자로 한 농민반란군에게서 터져 나왔다. 이들을 적미군이라 했는데 아군과 적군을 구분하기 위해 눈썹을 붉게 칠한 모습을 보고 그렇게 불렀다. 그다음 외침은 녹림군이라 부른 5만의 봉기군에게서 터져 나왔다. 이들은 굶어 죽지 않으려 도둑이 된 무리라 할 수 있다.

불만이 가난한 백성들에게만 있었을까? 평등과 빈부의 불균형을 해소한다고 땅을 빼앗고 장사를 못 하게 하니 가진 이들 역시 불만이 많았다. 가진 이들 가운데 지방 호족들이 황족인 유현을 경시제(재위: 23~25)로 삼아 임시 황제로 앉히고 남양봉기군을 결성해 들고 일어났다. 쿤양에서 왕망의 42만 대군과 남양봉기군 3,000 병사가 맞붙었다.

그런데 예상외로 왕망의 대군이 크게 지는 황당한 결과가 벌어지고 만다. 남양봉기군은 승기를 몰아 시안을 공격해 왕망을 처단해버렸다. 이렇게 15년짜리 왕망의 나라 신은 무너지고 말았다.

이후 시안으로 천도한 남양봉기군의 황제인 경시제는 향락에 빠져들고, 이에 불만을 가진 적미군은 경시제를 살해하고 백성을 약탈하기에 이른다. 20만 적미군의 약탈에 백성은 신음했고 오히려 왕망 시절이 낫다고 울부짖었다. 참으로 혼란스럽고 처참한 시기였다. 이때 남양봉기군의 주축 세력이었던 유수가 적미군을 진압하고 다시 한나라를 세우기에 이른다. 우리는 왕망의 신나라를 기준으로 그 전의 한나라를 전한, 그 후의 한나라를 후한이라 부른다.

기원후 26, 한나라를 다시 세웠으니 후한이라 부르자

한나라를 다시 세운 이는 난양 출신인 유수란 사람이다. 그는 적미군과 녹림군 등이 반란을 일으켜 혼란스러웠던 시기에 경시제 유현의 부하로 곤양 전투에서 큰 활약을 펼쳤으며 그 후 왕랑과 벌인 전투, 적미군과 벌인 전투를 거쳐 최후의 승자가 되었다.

다시 세운 한나라를 후한이라 하고 그는 제1대 황제로 추대받는다. 그를 광무제(재위: 25~57)라 하는데 여기서 '광무'는 한 왕조를 다시 일으켰다는 의미이다. 그로부터 10년 뒤, 촉의 공손술을 평정하고 진정한 통일 제국을 이룬다. 광무제가 다스리는 후한은 평화롭고 안정적이었다. 장건과 함께 실크로드 개척자로 평가받는 반초도 이때 활약한 인물이다.

황제가 된 유수, 시호는 광무제

유수는 '문경지치'로 칭송받는 경제의 6대손이다. 그는 신중하고 차분한 성격으로 술과 노는 것을 좋아하지 않아 일만 하는 황제였다고 전해진다. 금의환향하여 고향에서 잔치를 벌일 때 고향 아낙들이 한 말을 보면 그의 이런 성향을 잘 알 수 있다.

"폐하께서는 어려서부터 농담도 할 줄 모르는 점잖은 분이셨는데 이렇게 황제가 되실 줄은 정말 몰랐습니다."

이런 성격은 나라를 다스리는 데서도 그대로 드러났다. 광무제는 도읍을 시안에서 뤄양으로 옮기고 부패와 전쟁, 그리고 굶주림에 시달리던 백성을 안정시키는 정치를 해나갔다. 전한의 문제 때 실시했던 30분의 1세 제도를 부활시키고, 전쟁에 동원하는 군사 수도 대폭 감소시켜 고향으로 돌아가 생업에 전념할 수 있도록 해줬으며, 가난한 이·고아·노인을 위한 구제 사업도 적극적으로 해나갔다. 또한 왕망으로 인해 엉망이 되어버린 화폐 제도도 무제 이후 사용했던 화폐인 오수전으로 다시 정리하였다.

- **광무제**

  광무제는 후한 제1대 황제이다. 적미군과 녹림군의 반란 때 경시제 유현의 부하로 활약을 펼쳤다. 왕망
  의 군대를 무찔러 한나라를 다시 일으켰다.

광무제의 이런 정책들은 백성의 마음을 다독이고 생활을 안정
시켜 사회경제가 전반적으로 활기를 띠기 시작했다.

광무제의 온화함은 백성들뿐만 아니라 공신과 장군들에게까
지 이어졌다. 후한은 광무제와 호족 세력들이 함께 세운 나라였
다. 호족이란 한나라 시대에 새로 생겨난 지배계급이다. 이는 춘
추전국 시대부터 지배 세력이었던 중앙 귀족 세력과 대비되는
개념으로 지역에 살면서 넓은 토지를 가진 이들로 자신의 지역
에서 권력과 경제력을 창출한 새로운 세력을 가리킨다. 이들은

추천을 통해 중앙 관리로 진출하기도 했다. 한반도 역사에도 호족 세력이 등장하는데, 후삼국 시대에 왕건(재위: 918~943)과 함께 고려를 건국한 주축 세력이 호족들이었다.

한 고조 유방은 한나라를 세운 뒤 공신들을 토사구팽했지만, 반대로 광무제는 나라를 세운 뒤 공신 365명, 외척 45명에게 토지와 상을 내려 공로를 인정했다. 호족까지도 아우르는 정책을 썼던 것이다. 하지만 광무제는 그들이 중앙 정부의 정사에는 참여하지 못하게 견제장치를 마련하는 것 또한 잊지 않았다.

그러나 호족들이 무제한으로 땅을 소유할 수 있도록 조장한 이런 정책들은 빈부 격차를 심화시켰고, 후한 말에는 땅을 잃은 농민들이 반란을 일으키게 하는 원인이 되기도 했다.

서역을 정벌한 반초

흉노와 원수처럼 대립했던 왕망의 몰락이 흉노에게는 좋은 기회일 수도 있었겠지만 당시 흉노의 사정이 그렇게 만만치만은 않았다. 계속되는 가뭄에 사람과 가축이 죽어나갔고, 내부 분열로 남흉노와 북흉노로 나뉘기까지 해 그들끼리 대립하고 있었던 것이다.

그 후 북흉노의 공격을 받은 남흉노는 후한에 투항했고, 후한

• **반초**

반초는 후한 때의 정치가이다. 반고의 동생으로 31년간 서역에 머무르며 흉노의 지배 아래에 있던 서역
국가들을 정복하여 후한의 세력권을 파미르 지방까지 넓혔다.

은 제2대 황제인 명제(재위: 57~75)가 즉위하면서 북흉노를 공격하
기 시작했다. 89년, 마침내 후한과 남흉노 연합군의 공격으로 북
흉노의 선우가 도망치고 81개 마을, 20여만 명이 투항하는 성과
를 거둔다. 이후에도 계속되는 공격으로 북흉노는 하염없이 서
쪽으로 서쪽으로 도망갔고 자연스럽게 흉노의 영향력은 미미해
졌다. 이 모든 상황을 지휘한 이가 바로 반초다.

좀 더 자세히 들여다보자. 서역의 주요 나라들은 대부분 흉노
와 후한에 의지하고 있었다. 그런데 사차국이란 나라가 서역을

통일하겠다며 주변국들을 공격하기 시작했다. 45년, 사차국의 공격을 받은 주변국들은 불안에 떨며 후한에 도움을 요청했지만 광무제는 이들을 도울 여력이 없었다. 후한이 불안에 떠는 나라들을 보호해주지 않자 이들로서는 흉노에게 도움을 요청할 수밖에 없었다.

세월이 흘러 어느 정도 안정을 찾은 후한은 73년 북흉노를 공격하기 시작했다. 당시 북흉노는 서역에까지 영향력을 미쳐 주변 여러 나라를 보호하는 입장이었다. 이러한 분위기를 바꿀 필요가 있었던 후한은 반초를 사신으로 파견하게 된다.

가장 먼저 도착한 나라는 선선국이었다. 선선국은 처음엔 반초 일행을 반겼지만 이내 냉담해졌다. 왜냐하면 곧이어 흉노의 사신도 도착했기에 자신들이 어찌 처신해야 할지 난감했기 때문이다. 사태파악을 한 반초 일행은 기습공격으로 흉노의 사신을 모조리 죽여버렸다. 상황이 이렇게 되자 선선국 왕은 어쩔 수 없이 후한에 의지할 수밖에 없었다.

이런 식으로 반초는 흉노와 후한 사이에서 저울질하던 나라들을 대부분 후한에 복속시켰다. 게다가 내친김에 남흉노와 연합하여 북흉노를 제압해버리니 덕분에 안전해진 실크로드를 통해 활발한 거래가 이루어졌다.

그러나 후한은 이후 계속된 동맹국들의 반격으로 골머리를 앓았다. 결국 제3대 황제인 장제(재위: 75~88)가 즉위하면서 서역을 포기하고 군대와 사절을 모두 소환하기로 결정하였다. 이때 소륵국에 주둔하고 있던 반초도 그 결정에 따라 떠날 채비를 했다. 그러자 스스로를 지킬 힘이 없던 소륵국의 왕과 백성은 울며불며 반초에게 매달렸고 어쩔 수 없이 반초는 황제의 허락을 받고 그곳에 남았다.

그리고 얼마 뒤 반초는 서역 총독으로 임명된다. 그 후 반초는 주변 나라들을 귀속시키고 반란국을 진압하며 서역에서 총독으로서 해야 할 역할을 충실히 해나간다.

97년, 반초는 고국으로 돌아오기 전 두 나라의 교류를 위해 부하 감영을 대진국(로마제국)으로 파견했지만, 감영은 길을 잃고 겁을 내 중간에 포기하고 만다. 만약에 그때 감영이 로마에 갈 수 있었다면 로마와 중국의 첫 대면이 70년은 앞당겨졌을 것이다. 하지만 반초의 이런 노력으로 약 70년 후 로마 황제 마르쿠스 아우렐리우스의 사절이 중국에 도착하면서 마침내 교류가 이루어진다.

30년 넘게 이국땅에서 세월을 보낸 반초는 102년 고향으로 돌아오지만 돌아온 지 한 달 만에 세상을 떠난다. 항상 고향을 그리위했던 그로서는 아쉬운 일이었지만, 이런 그의 노력으로 불안했던 서역은 다시 중국의 영향력 아래에 있게 된다.

하지만 장건과 반초에 의해 이룩한 서역 원정은 다음에 부임한 임상이란 자에 의해 혼란에 빠졌고 결국 107년, 후한은 서역에서 철수하고 만다.

반초가 귀국한 후 새로운 총독으로 부임할 임상에게 해준 다음과 같은 조언을 보면 그의 공로가 하늘에서 뚝 떨어진 우연이 아님을 알 수 있다.

"환경이 좋지 않은 국경 밖으로 스스로 지원해서 나가려는 관리들은 국내에서 잘못을 저지른 자들이 외지에서 공을 세워 만회해 보려는 사람들이 많소. 그러다 보니 조심스럽게 행동하는 관리들이 별로 없소이다. 외국 사람들은 생각과 풍습이 다르기에 이해시키기 어렵고, 그래서 오해하거나 반발하기 쉽소. 이들을 대할 때는 너그럽고 크고 간결하게 일을 처리하기 바라오."

30년 넘게 공들여 이룩해놓은 서역과의 관계를 임상은 4년 만에 엉망으로 만들어버리고 말았으니 반초의 능력이 다시 한번 빛을 발하는 대목이다.

04

겨 묻은 외척과 똥 묻은 환관, 누가 누가 못 하나

후한 말이 되자 외척과 환관의 정치 개입으로 나라는 큰 혼란에 빠지게 된다. 정치는 어지럽고 북방 민족과의 갈등은 계속되었으며 자연재해로 길거리엔 백성의 굶어 죽은 시체가 즐비했다. 마침내 태평도, 오두미도라 불리는 종교에서 위안을 얻고자 한 백성은 머리에 황색 띠를 두르고 난을 일으키기에 이른다. 호족들의 도움으로 난은 진압되지만 안타깝게도 그 호족들이 나라에 더 큰 위협으로 다가오고 만다.

외척들이여, 다시 일어나자!

전한은 외척 때문에 멸망했다. 그 폐해를 누구보다 잘 아는 광무제였지만 그는 외척 정치를 막기 위해 특별히 노력을 기울이진 않았다. 오히려 호족과 외척을 인정해주는 정책을 폈다. 그럼에도 불구하고 제3대 황제인 장제 때까지 큰 무리가 없었던 것은 제2대 황제인 명제의 황후 마 씨 덕분이었다. 장제는 열여덟에 즉위하여 어머니를 위해 외척 세력에 작위를 내려주고 힘을 실어주려 했지만 마 황후는 단호히 거절했다. 마 황후는 자신의 일족이 조금이라도 법을 어기거나 부정을 저지르려 하면 엄하게 처벌하여 조그마한 기회조차도 사전에 차단시켰다.

하지만 그런 행운은 안타깝게도 자주 있는 것이 아니다. 제4대 황제인 화제(재위: 88~105)부터 외척의 움직임이 심상치 않았다. 이유는 후한 시대 황제 계보를 보면 알 수 있듯이 황제의 즉위 나이가 너무 어렸기 때문이다. 그렇다보니 어쩔 수 없이 어머니인 황 태후가 정치에 관여했고 그녀 역시 정치를 해본 경험이 없으니 가족을 믿고 의지할 수밖에 없었다.

후한 시대 외척으로 가장 큰 힘을 발휘한 세력은 등 태후와 양 태후의 외척들이었다. 등 태후는 상제(재위: 105~106)의 어머니로, 태어난 지 3개월 만에 즉위한 황제를 대신해 30년 동안 권력을

	황제 이름	즉위 나이		황제 이름	즉위 나이
제1대	광무제(유수)	30세	제8대	순제(유보)	11세
제2대	명제(유장)	30세	제9대	충제(유병)	2세
제3대	장제(유달)	18세	제10대	질제(유찬)	8세
제4대	화제(유조)	10세	제11대	환제(유지)	15세
제5대	상제(유융)	3개월	제12대	영제(유광)	13세
제6대	안제(유호)	13세	제13대	소제(유변)	14세
제7대	소제(유의)	8개월	제14대	헌제(유협)	9세

• 후한 시대 황제 계보

휘둘렀다. 당시 외척 후작에 봉해진 인물만 29명에 달했다. 또 다른 세력은 양 태후로 제9대 황제인 충제(재위: 144~145)가 두 살에 즉위하자 섭정을 시작하여 이들 또한 30년 가까이 권력을 휘둘렀다.

그중에서도 가장 탐욕스럽고 포악했던 이는 양 태후의 오빠인 양기라는 자이다. 후한 최대의 세력가였던 양기는 자신의 이익을 위해서라면 물불을 가리지 않았고, 결국 황제(질제)를 독살하기에 이른다. 당시 사람들은 그의 부인인 손수가 남편보다 더 탐욕스러운 여인이라고 수군거렸는데, 손수의 친척들은 일부러 지방의 부자들 죄를 조작하여 가두고 고문하며 돈을 받고 석방해주는 방법 등을 동원해 돈을 끌어모았다고 한다.

이러다 보니 양기와 손수에게 뇌물을 바치는 자들은 끝도 없었고 이렇게 거둔 돈으로 부부가 각자 따로 궁궐 같은 집에 인공폭포까지 만들어놓고 흥청망청 살았으니 탐욕스럽기가 두 씨 외척 세력보다 더했다.

이런 양 씨들의 횡포를 견디기 힘들었던 환제(재위: 146~147)가 반격을 가했지만 힘이 없었기에 황제는 가장 가깝고 미더운 환관들의 도움을 받고자 했다. 마침내 그는 다섯 명의 환관과 모의하여 양 씨 세력을 몰아낸다. 하지만 아뿔싸, 이는 더 큰 혼란의 시작이 되고 말았다.

치욕스러운 존재에서 권력의 중심에 선 환관들

외척이 판을 치는 세상에서 황제는 힘을 쓸 수가 없었다. 반격하려면 누군가와 힘을 합쳐야만 했다. 과연 누가 구중궁궐에 파묻혀 지내는 황제에게 힘을 보태줄 수 있을까?

황제가 선택한 이들은 바로 환관이었다. 환관은 황제와 가장 가까운 위치에서 누구보다도 마음을 잘 헤아려주는 존재였다. 제12대 황제인 영제(재위: 168~189)는 '환관 장양은 나의 아버지이고 환관 조충은 나의 어머니'라고 공공연히 말하고 다닐 정도였

- **환관**

  후한 말기가 되자 외척에 대항하는 세력으로 환관을 이용하게 되면서 나라는 대혼란에 빠진다. 여기에 북방민족과의 갈등, 자연재해까지 겹쳐 후한은 만신창이가 된다.

다니 굳이 무슨 말이 더 필요하겠는가.

환제 이전에도 환관과 힘을 합쳐 외척 세력들에게 압박을 가한 경우는 종종 있었다. 황제 중 제일 먼저 외척 세력에 공격을 가한 이는 화제(제4대 황제)였다. 그는 환관 정중과 힘을 합쳐 외척 세력인 두헌을 제거했다. 그리고 안제(재위: 106~125)는 환관 이윤과 강경을 이용해 두헌에 이어 권력을 휘둘렀던 등즐 또한 자살하게 만든다. 그런데 이것은 외척 세력을 완전히 제거했다기보다는 한 세대마다 각기 다른 외척 세력을 교체하는 수준이었다고 하는 것이 더 맞을 것이다.

외척의 횡포는 극에 달해 외척 양기는 제10대 황제인 질제(재위: 145~146)를 독살하기에 이른다. 질제의 뒤를 이어 즉위한 환제는 이런 양기를 혐오하고 두려워했다. 공격하지 않으면 당할 것을 잘 알았기에 그는 단초를 포함한 환관 다섯 명과 단초의 어깨를 깨물어 피를 내는 의식을 치르며 결의를 다진다. 황제와 환관 사이의 의식이라 하기에는 참으로 민망한 모습이 아닐 수 없다. 어쨌든 이들의 공모가 성공하여 양기와 그 일족들을 몰살하고 함께 한 환관들은 1등 후작의 작위를 얻게 된다.

이로써 환관이 정식으로 관리 신분으로 등장하게 되었다. 하지만 이후에 벌어지는 이들의 횡포는 외척 세력 저리 가라 할 정도였다. 오죽하면 외척과 관료들이 힘을 합쳐 환관에게 대항하기에 이르렀을까? 환관을 비판하는 세력을 '청류', 환관들을 '탁류'라 칭하며 피비린내 나는 싸움을 벌이게 된다. 서로 죽고 죽이는 싸움을 벌이지만 한동안은 환관에게 유리한 시대가 이어졌다. 당시 환관의 세력은 자신들의 권력유지를 위해 도축업자의 딸인 하씨를 영제의 황후로 앉힐 수 있을 정도로 막강해진다.

이런 폐단으로 나라는 부패하고 불안정했으니 마침내 189년 양쪽 싸움에 마침표를 찍는 사건이 벌어진다. 호족 세력인 원소와 외척 세력인 대장군 하진이 환관을 제거하기로 모의하고 동탁을 몰래 뤄양에 들여보냈던 것이다. 그런데 이를 눈치챈 환관들이 하진을 죽여버렸고, 이에 격분한 원소는 군사를 이끌고 황궁에 진입하여 환관들을 닥치는 대로 베어버렸다.

이때 죽은 환관의 수는 2,000명이 넘었고 환관뿐 아니라 수염이 없는 백성까지 환관으로 오해해 화를 입었다니 환관의 씨를 말린 사건이라 할 수 있을 것이다. 159년에 13명의 환관이 작위를 받으면서 시작된 환관 시대는 이렇게 하여 31년 만에 마침표를 찍게 된다.

하지만 환관 시대에 암울한 일만 있었던 것은 아니다. 환관의 손에 의해 엄청난 물건이 만들어졌다. 바로 인류 문명 발달에 획기적인 역할을 한 필기도구 종이다. 당시 관리가 되기 위해서는 유학을 공부해야 했고 그랬기에 교육에 대한 관심 또한 높았다. 하지만 이런 교육열을 뒷받침할 만한 필기도구가 없었다. 대나무나 옷감은 글을 쓰기에 적당하지 못했기에 사람들은 싸고 가볍고 보관하기 쉬운 새로운 필기도구에 대한 욕구가 컸다.

채윤은 궁궐에 수공예품을 조달하는 환관이었다. 그는 노력에 노력을 거듭하여 드디어 나무껍질을 이용해 종이를 대량생산하는 방법을 개발하기에 이른다. 105년, 채윤은 자신이 만든 종이

- **채윤**

  채윤은 후한의 관리이다. 궁궐에 수공예품을 조달하던 환관으로 종이 제법의 대가다. 종이의 발명은
  중국의 지식수준을 끌어올렸을 뿐만 아니라, 이슬람과 유럽에도 제지 기술을 전파하게 된다.

를 화제에게 바치는 역사적인 순간을 맞이한다.

물론 학자들 간에는 채윤이 종이를 '발명했다' '개량했다' 등
의견이 분분하다. 하지만 어쨌든 채윤의 제지술은 중국의 지식
수준을 한 단계 끌어올렸고, 이슬람과 유럽으로 전파되어 많은
사람들이 지식을 공유하고 퍼뜨리는 데 지대한 공헌을 했다는
점에는 이견이 없을 것이다.

05

만신창이가 된 후한 제국, 결국 호족의 손에 사라지다

과거 군주 국가에서 망조가 든 나라를 살펴보면 공통으로 나타나는 징후가 있다. 중앙 정부에서 군주의 힘이 약해져 왕위 쟁탈전이나 지배 세력끼리 치고받는 권력 쟁탈전이 벌어진다. 그리고 중앙 정부의 지배력이 약해진 상태에서 지방의 힘 있는 세력들이 각자의 영역을 확보하며 백성을 가혹하게 착취한다. 이에 도저히 살 수가 없어진 백성은 땅을 버리고 떠돌다 도적이 되거나 봉기를 일으킨다.

봉기 세력을 막기에 힘이 부친 중앙 정부는 외세나 내부의 힘을 끌어다 진압하게 된다. 허약한 정부는 결국 도움받은 힘에 의해 끌려다니다 멸망하기에 이른다. 후한 제국 역시 이 공식에서 한 치도 벗어나지 않았다.

태평도와 오두미도에 위안을 얻은 백성들

130년대 도가의 영향을 받은 방사 중 장도릉이란 자가 수련하여 주술과 부적을 이용해 사람들을 치료했는데 이것을 '태평도'라고 불렀다. 이런 방술을 펼치면서 환자에게 다섯 되의 쌀을 받았기에 '오두미도'라고도 불렀다.

중앙에선 외척과 환관의 권력다툼으로, 지방에선 호족들의 착취로 힘들고 마음 둘 곳 없었던 백성은 '태평도'로 위안을 삼았다. 그러다 거록 출신 장각이란 자가 자신의 고향을 중심으로 주술과 부적을 이용해 태평도와 미륵불을 합쳐 새로운 신앙을 내걸고 백성을 모았다. 10여 년 동안 모인 수가 수십만 명에 이르렀다.

"푸른 하늘(한 왕조)은 죽었으니 누런 하늘(태평도)이 새로 서리라, 갑자년에 천하가 뒤바뀔 것이다."

장각은 이렇게 외쳐댔고 백성은 목 빠지게 갑자년(184)을 기다렸다. 거사가 일어나기 전해인 183년 말, 장각의 신도인 마원의 란 자가 뤄양으로 가 환관과 모의하고 거사가 일어나면 함께 힘을 모으기로 한다. 하지만 거사를 치르기 전에 발각된 마원의는 184년 1월에 처형당하고 만다. 이 사건으로 1,000명이 넘는 사람들이 처형당했고 장각도 체포당할 위기에 놓인다.

더 이상 지체할 시간이 없었다. 장각이 갑자년의 운명을 외치며 들고 일어나니, 하룻밤 사이에 100만 명이 넘는 농민이 머리에 황색 두건을 두르고 모여들었다. 이때 일어난 봉기가 '황건적의 난'이다.

당시 중앙 정부는 난을 진압할 여력이 없었다. 그래서 정부는 그동안 금했던 개인의 군사 보유를 허락하고 호족의 힘을 빌려 난을 진압하기에 이른다. 막강한 호족의 군사는 오합지졸 농민군과는 상대가 되지 않았다. 게다가 지도자인 장각까지 병으로 죽는 바람에 황건적은 봉기를 일으킨 지 11개월 만에 흩어지고 만다. 그러나 그 후에도 농민봉기는 20년간 지속적으로 이어졌다.

호족들은 난을 평정한 후에도 군대를 해산하지 않았고, 황실을 무시하고 각 지방에 나라를 세워 힘을 키워나갔다. 사정이 이러했으니 황실은 이리를 피하려다 호랑이를 만난 셈이나 마찬가지였다.

후한, 호족 세력의 도움으로 언 발에 오줌 누다

황건적의 난이 진압되고 난을 진압한 공을 환관들이 차지하려 하자 189년 호족 세력인 원소가 환관을 모조리 베어버리는 사건이 벌어졌다. 이로써 환관 시대는 앞서 설명했듯 마침표를 찍었다. 그런데 나라의 근간이 흔들리는 혼란은 이제부터가 시작이었다.

우습게도 재주는 곰이 부리고 돈은 주인이 챙긴다고 뒤늦게 뤄양에 입성한 동탁이 쿠데타를 일으켜 소제(재위: 189)를 폐하고, 후한의 마지막 황제인 헌제(재위: 189~220)를 내세우며 전국을 주도하는 실세가 된다. 하지만 그는 폭정으로 나라를 더 혼란스럽게 만들었고 그를 제거하기 위해 호족들이 힘을 합쳤다. 이에 두려움을 느낀 동탁은 뤄양에 입성한 지 6개월 만에 170년간 후한의 수도였던 뤄양에 불을 지르고 시안으로 도읍을 옮기는 무리수를 둔다.

사실 이때 후한은 이미 재기불능 상태였다. 하지만 그런 무리수에도 불구하고 동탁은 권력을 잡았고 3년 5개월을 버티다가 결국 부하인 왕윤과 여포에 의해 살해되니, 정국은 그야말로 한 치 앞도 내다볼 수 없는 아수라장이 되고 만다.

한편 헌제는 시안과 뤄양을 전전하며 일부 세력과 힘든 행로

霸業成時為帝王不成
且作富家郞誰知
天意各私曲郿
塢方成已滅亡
守雨

• **동탁**

　동탁은 후한 말의 장군 겸 정치가이다. 영제 사후 십상시의 난을 틈타 정권을 잡았다. 소제를 폐하고 부패·살인·약탈·도굴·방화·축재 등 온갖 폭정을 휘둘렀다. 결국 왕윤과 여포에게 죽임을 당했다.

를 이어갔다. 이미 황실의 위엄과 권위는 사라진 지 오래였고 전국은 크고 작은 호족 세력이 서로 뺏고 뺏기는 혼전을 거듭하고 있었다. 결국 아무 힘도 없었던 헌제는 조조의 보호하에 끌려다니다, 220년 조조의 아들인 조비에 의해 황제 자리에서 쫓겨난다.

　이로써 광무제가 세운 후한은 14번째 황제를 끝으로 196년 만

● **여포**

여포는 후한 말의 무장이다. 병주자사 정원의 수하에 있다가 그를 죽이고 동탁에게 귀순했으나 나중에는 동탁마저 죽인다. 후에 조조에게 붙잡혀 살해당한다.

에 역사에 마침표를 찍었고, 고조가 세운 한나라로부터는 422년 만에 멸망했다. 후한은 호족에 의해 세워지고 지탱되다가 이들의 폭정에 의해 무너졌다. 그리고 그 호족 세력은 다시 새로운 시대를 여는 주체 세력으로 우뚝 섰다. 앞으로 이 세력들이 치열하게 다투며 펼치게 될 이야기는 위·촉·오의 삼국 시대로 이어진다.

플럽러닝

환관, 그들은 태생적으로 억울한 존재였다

환관의 역사는 아주 오래전으로 거슬러 올라가 기원전 12세기 일부다처제로부터 시작된다. 일부다처제(한 남자가 여러 명의 부인을 거느리는 제도)가 시행되면서 남편은 여러 명의 부인을 다른 남자들과 격리시킬 수 있는 방법에 골몰했다. 가장 좋은 방법은 부인을 집안 가장 깊숙한 장소에서 살게 하고 외부와 단절시키는 것이지만 생활을 하기 위해선 시중을 드는 사람이 필요했다. 그중에는 어렵고 힘을 써야 하는 일을 해줄 남자 또한 필요했다.

이러한 문제를 해결하기 위해 생각해낸 방법이 바로 생식기를 제거한 남자들을 활용하는 것이었다. 그리고 이 잔혹한 제도가 중국으로 들어와 문화가 되었다.

이러한 남자들을 환관이라 불렀다. 이들은 남편이 안심하며 아내의 편의를 봐줄 수 있는 존재로 많은 귀족이 환호했고 특히 황궁에서 수요가 가장 많았다. 환관은 초기엔 돈 있는 사람이면 누구나 매매할 수 있었는데, 10세기 송나라 때부터는 황제만의 전유물이 되었다.

그렇다면 어떤 이들이 환관이 되었을까? 아무리 돈이 좋다고 해도 스스로 또는 부모가 자식을 거세하기는 쉽지 않았을 것이다. 하지만 인기가 있어 환관의 수요는 계속 늘어났고 누군가는 환관이 되어야 했다.

그렇다면 그 대상은 아마도 돈 없고 억울한 가난한 집의 자식들이지 않았을까? 가난하다는 이유로 힘이 없다는 이유로 멀쩡한 자식이 거세당하는 모습을 지켜봐야 하는 것은 끔찍한 업보고 운명이었으리라.

수치와 굴욕 속에서 살아남기 위해 노예와 같은 삶을 살았던 환관들에게도 잠시 햇살이 비쳤던 후한 말. 이는 황제와 가까이 있을 수 있는 신분이었기에 가능했던 것이다. 그러나 이 역시 황제의 맘이 떠나면 사라져버리는 신기루일 뿐이었다.

이렇듯 환관은 태생적으로 가진 자의 이기심에 의해 탄생한 억울한 존재였다.

똑같은 인물이라도 역사적 평가는 시대에 따라 변할 수 있다?

역사는 과거에 일어난 사실로 이루어져 있다. 그런데 사건이나 사실 자체가 역사적인 의미를 지니는 것은 아니다. 이러한 사실이 누군가에 의해 선택되고 의미가 부여될 때 비로소 역사적인 사실로 재탄생된다. 안타깝게도 역사적 사실은 스스로를 선택할 권리가 없다. 그래서 "모두가 인정하는 객관적이고 완벽한 역사적 사실은 존재하지 않는다"고 E.H. 카(Edward Hellett Carr)는 말했는지도 모른다.

여기서 우리가 주목해야 할 점은 무엇일까? 바로 사실을 판단하고 선택하는 잣대가 되는 역사가의 관점이다. 우리는 그것을 사관(史觀)이라 부른다. 내가 읽고 있는 역사책을 쓴 사람의 사관을 간파하는 것은 그 책을 중립적인 시각으로 이해하는 데 중요한 요소가 된다.

사마천·반고·사마광은 중국에서 보물이라 일컫는 역사책을 쓴 역사가들이다. 그런데 이 역사가들은 역사적으로 관심받고 있는 한 사람을 각자 다르게 평가했다.

"무제와 같이 큰 재주와 지혜로 문제와 경제의 공손하고 검소함을 이어받았다 하더라도 어찌 이보다 잘할 수 있겠는가?"

– 반고, 『한서』 제6권

"무제는 사치가 심하고 욕망이 커 형벌을 조작하고, 세금을 많이 거두고, 대궐을 호화롭게 꾸미고, 오랑캐를 정벌하는 것을 업으로 삼았다. 또 신선과 괴이한 것을 믿고 따랐고, 순행과 유람을 일삼아 백성을 도적으로 만들었으니 진 시황과 다르지 않다."

– 사마광, 『자치통감』 제22권

두 사료에서 전혀 다르게 평가된 인물은 바로 중국인의 사랑을 한몸에 받고 있는 '한 무제'다. 사마천은 한 무제의 통치를 직접 목격했기에 정확한 사실을 기록했으리라 기대할 수 있다. 그

런데 사마천은 한 무제에 대한 직접적인 평가를 피하고 사건만
자세하게 묘사함으로써 자기 생각을 간접적으로 표현했다. 그런
데 그 표현이 애매해 의미를 해석하기가 참으로 난해하다.

반고는 후한이 세워지고 다시 한나라의 전성기를 꿈꾸던 시기
에 『한서』를 편찬했다. 사마광은 1,000년이 지난 후 송나라 시대
에 한나라의 역사를 정리했다. 모두 각자의 시대적 관점에서 평
가했기 때문에 한 무제에 대한 역사적 평가는 완전히 달라질 수
밖에 없었다.

이렇듯 동일한 인물에 대한 반고와 사마광의 역사적 평가가
달랐던 이유는 무엇일까? 그리고 사마천은 한무제를 직접 보고
겪었음에도 그를 평가하는 데 왜 애매모호한 태도를 보였을까?

- 사마천의 『사기』: 기원전 90년경 중국 전한 시대 한 무제가 통
  치하던 시기에 편찬.
  중국 전설 시대~기원전 2세기 한제국 초 역사 기록.
  총 130권(「본기」 12권·「표」 10권·「세가」 30권·「열전」 70권).

- 반고의 『한서』: 기원후 90년경 편찬.

  고조 건국~왕망 전한제국 역사 기록.

  총 100권(「기」12권·「표」8권, 「지」100권·「전」70권).

- 사마광의 『자치통감』: 기원후 1084년 편찬 송나라 신종에게

  바침.

  중국 고대~당나라 말 역사 기록.

  총 294권 편년체 형식.

거울에 비친 역사를 의심해보라

중국을 최초로 통일한 진 시황의 제국은 15년 만에 멸망했습니다. 그리고 뒤이어 고대 중국의 최전성기를 구가했던 한나라가 전한과 후한을 통틀어 422년 동안 중국 땅을 호령했습니다. 그후 중국은 수·당·원·명·청, 그리고 지금의 중화인민공화국에 이르기까지 2,000년이 넘는 시간을 하나의 국가로 굳건하게 자리매김하고 있습니다.

사마천은 진 시황이 죽은 지 100여 년이 지난 뒤에 『사기』를 통해 진 시황을 평가했습니다. 아마도 한 제국 건설의 정당성을 확보하기 위해 진 제국의 멸망에는 그럴 만한 필연성이 있어야 했는지도 모르겠습니다. 그래서 『사기』에 묘사된 진 시황은 처음 전국을 통일한 군주였으나 가혹한 폭정을 일삼은 폭군이었습니다. 이런 평가는 꽤 오랜 시간 유지되었습니다.

진 시황제를 욕하지 말아라.

분서 사건이 있었더라도 그를 비판하지 말아라

조룡(시황제)은 죽었지만 그의 혼은 살아있고

공자의 명성이 아무리 높아도 진 시황에 비하면 술 찌꺼기에 지

나지 않으리니.

1973년 중국의 대학가에서 한창 유행하던 시의 한 구절입니다. 그때는 문화대혁명이 절정에 이르던 시기였고 마오쩌둥이 영웅시되던 시기였습니다. 그 시기 중국은 마오쩌둥과 진 시황을 동일시하며 이전까지 폭군으로 낙인찍혔던 진 시황을 위대한 군주로 칭송하기 시작했습니다.

역사적 평가는 절대적인 진리가 아닙니다. 역사가에 따라, 시대가 요구하는 이념과 가치관에 따라 얼마든지 정반대의 평가를 할 수 있는 학문이 역사입니다. 그렇기에 우리에게는 역사를 보는 유연한 눈이 필요합니다. 과거를 통해 현재의 문제를 풀어내

고 싶을 때는 더욱더 그렇습니다. 특히 청소년 여러분은 역사를 획일화된 관점으로 판단하기보다 자신만의 유연한 눈으로 바라보고 해석할 수 있는 능력을 갖추었으면 합니다.

이 책을 쓰면서 몇 번이나 주저앉고 싶었습니다. 그럼에도 이렇게 진·한제국의 맺음말까지 마칠 수 있었던 것은 나보다 더 나를 믿고 힘을 실어준 가족과 벗들 덕분이었습니다. 그들에게 다시 한 번 감사의 말을 전합니다.

윤영내

참고도서

1. 국내서적

강창훈, 『중국사 편지』, 책과함께어린이, 2011.

김아리, 『문명과 역사를 만든 소금 이야기』, 사계절, 2012.

변영우, 『세계사와 함께 읽는 중국사 대장정』, 궁리, 2006.

우경윤, 『청소년을 위한 세계사: 동양편』, 두리미디어, 2004.

이준갑·김병준·박한제·이근명·김형종, 『아틀라스 중국사』, 사계절, 2015.

조관희, 『조관희 교수의 중국사 강의』, 궁리, 2011.

사마천, 김원중 엮음, 『김원중 교수의 청소년을 위한 사기』, 민음인, 2010.

심규호, 『연표와 사진으로 보는 중국사』, 일빛, 2002.

2. 번역서적

강붕, 김영진 옮김, 『혼군, 명군, 폭군』, 왕의서재, 2016.

모리토모 고쇼, 조성진 옮김, 『고사성어로 배우는 중국사 명장면 108』, 부광, 2004.

미타무라 다이스케, 한종수 옮김, 『환관 이야기』, 아이필드, 2015.

베이징대학교 중국전통문화연구중심, 장연·김호림 옮김, 『중국문명대시야 1』, 김영사,

　2007.

백양, 김영수 옮김, 『백양중국사 1』, 역사의아침, 2014.

사마천, 김원중 옮김, 『사기본기』, 민음사, 2015.

사마천, 김원중 옮김, 『사기표』, 민음사, 2011.

사마천, 연변대학 고적연구소 옮김, 『사기열전』, 서해문집, 2006.

쓰루마 가즈유키, 김경호 옮김, 『중국 고대사 최대의 미스터리 진 시황제』, 청어람미디

어, 2004.

지앙성난, 강성애 옮김, 『중국을 뒤흔든 여인들』, 시그마북스, 2009.

진순신, 박현석 옮김, 『진순신 이야기 중국사 2』, 살림, 2011.

허이, 서아담 옮김, 『중국역사암호 44』, 은행나무, 2010.

연표

시기	왕조 연호	주요 사건
기원전 251년	진(秦) 소양왕 56년	소양왕 사망.
250년	진 효문왕 원년	안국군 효문왕으로 즉위 후 사망/자초 장양왕 즉위.
249년	진 장양왕 원년	여불위 승상 임명.
247년	진 장양왕 3년	장양왕 사망/태자 정 즉위.
238년	진왕 정 9년	노애의 난 발생/여불위 파면.
221년	진 시황 26년	정, 전국 통일/시황제로 칭함.
219년	진 시황 28년	아방궁 건설/치도 닦음/서복을 동해로 파견.
214년	진 시황 33년	만리장성 축조 시작.
213년	진 시황 34년	분서 사건 발생.
212년	진 시황 35년	갱유 사건 발생/큰아들 부소·몽염 장군 만리장성 감독 파견.
210년	진 시황 37년	순행 도중 시황제 사망/부소·몽염 사망.
209년	진 이세황제 호해 원년	진승·오광·유방·항량·항우 반란.
206년	한(漢)왕 유방 원년	진나라 멸망/항우 서초패왕 칭함/유방 한왕 즉위.
205년	한왕 유방 2년	의제 사망/초한 전쟁 시작.
202년	한 고조 5년	항우 사망/유방 황제라 칭함.
195년	한 고조 12년	고조 사망/혜제 즉위/여 태후 섭정 시작.
194년	한 효혜황제 유영 원년	조왕 여혜 독살/척 부인 처형.
187년	고 황후 여치 원년	여치 황제라 칭함.
180년	고 황후 8년	여 태후 사망/유항 문제로 옹립.

시기	왕조 연호	주요 사건
161년	한 문제 후(後) 3년	문제 사망.
156년	한 효경황제 유계 원년	논밭에 대한 세금을 1/30로 감축.
154년	한 경제 3년	5초7국의 난 발생.
141년	한 경제 후(後) 3년	경제 사망/유철 무제 즉위.
140년	한 효무황제 건원 원년	중국 연호의 시작.
139년	한 건원 2년	장건 서역 파견.
136년	한 건원 5년	유교 국교화/오경박사 둠.
135년	한 건원 6년	두 태후 사망/한 무제 친정 시작.
133년	한 원광 2년	마읍 전투/흉노 군신 선우 암살 실패/흉노 관계 악화.
126년	한 원삭 3년	장건 서역에서 돌아옴.
121년	한 원수 2년	위청·곽거병 흉노 정벌.
119년	한 원수 4년	소금·철 전매제 시작.
108년	한 원봉 3년	고조선(위 씨 조선) 멸망.
91년	한 정화 2년	무고의 난 발생/황태자 유거와 황후 위 씨 자살.
87년	한 후원 2년	무제 사망/불릉 소제 즉위(곽광·김일제·상관걸 보좌).
86년	한 효소황제 시원 원년	사마천 사망.
80년	한 원봉 원년	상관걸·상홍양 연좌되어 사망/곽광 권력 장악.
기원후 1년	한 원수 2년	애제 사망/평제 즉위/왕망 정권 장악.
8년	왕망 거섭 3년 초시 원년	왕망 국호를 신이라 하고 스스로 황제라 칭함.
9년	신 황제 왕망	유영 황태자 폐함/관제·전제·폐제 개혁.

시기	왕조 연호	주요 사건
22년	신 지황 3년	유수(광무제)·유연 형제 거병.
23년	신 지황 4년 한 갱시황제 원년	유현 즉위/왕망 사망/신나라 멸망/경시제 뤄양 천도.
25년	한 갱시 3년 한 건무 원년	유수 광무제 오름/연호 건무/경시제 적미군에 사망.
36년	한 건무 12년	광무제 전국 통일.
48년	한 건무 24년	흉노 남북으로 분열/남흉노 한나라에 항복.
73년	한 영평 16년	반초 서역 원정 시작.
92년	한 영원 4년	외척 두헌 자결/『한서』 저자 반고 옥사.
97년	한 영원 9년	두 태후 사망/반초와 감영 대진에 파견.
102년	한 영원 14년	반초 귀향 1개월 후 사망/정중 환관으로 처음 열후가 됨.
105년	한 원흥 원년	채윤 제지법 개선/화제 사망/상제 즉위.
144년	한 건강 원년	순제 사망/충제 즉위/외척 양기 정권 장악.
146년	한 본초 원년	양기가 질제 독살/환제 즉위/양 태후 섭정.
159년	한 연희 2년	외척 양기 사망/환관 세력 형성 시작.
167년	한 영강 원년	환제 사망/영제 즉위/두 태후 섭정.
184년	한 중평 원년	황건적의 난 발생/황건적의 난 평정.
189년	한 중평 6년	영제 사망/소제 즉위/동탁 입조 후 소제 폐함/헌제 옹립/동탁 스스로 상국이 됨.
192년	한 초평 3년	동탁 암살/조조 청주의 황건군 격퇴.
196년	한 건안 원년	헌제 뤄양으로 돌아옴/조조 대장군 사공이 됨.
216년	한 건안 21년	조조 스스로 위왕이 됨.
220년	한 연강 원년 위 황초 원년	조조 사망/아들 조비 헌제에게 선양받아 문제 즉위/후한조 멸망/국호를 위로 칭함.

생각하는 힘-세계사컬렉션 09

진·한제국
차이나의 기틀을 세우다

펴낸날	초판 1쇄 2018년 5월 15일

지은이	윤영내
펴낸이	심만수
펴낸곳	(주)살림출판사
출판등록	1989년 11월 1일 제9-210호

주소	경기도 파주시 광인사길 30
전화	031-955-1350 팩스 031-624-1356
홈페이지	http://www.sallimbooks.com
이메일	book@sallimbooks.com

ISBN	978-89-522-3852-8 04900
	978-89-522-3910-5 04900(세트)

이 도서의 국립중앙도서관 출판예정도서목록(CIP)은 서지정보유통지원시스템 홈페이지
(http://seoji.nl.go.kr)와 국가자료종합목록시스템(http://www.nl.go.kr/kolisnet)에서
이용하실 수 있습니다.(CIP제어번호: CIP2018004665)

책임편집·교정교열 **서상미 김지은 원미연** 지도 일러스트 **임근선**